U0133396

| 吾 道 文 丛 |

跬步千里

冯天瑜

著

岳麓書社 · 长沙

图书在版编目(CIP)数据

跬步千里/冯天瑜著.—长沙:岳麓书社,2023.7
(吾道文丛/万俊人主编)
ISBN 978-7-5538-1821-4

Ⅰ.①跬… Ⅱ.①冯… Ⅲ.①冯天瑜(1942—2023)—自传
Ⅳ.①K825.81

中国国家版本馆 CIP 数据核字(2023)第 075694 号

KUIBU QIANLI

跬步千里

作　　者:冯天瑜

丛书主编:万俊人

策划编辑:黄友爱

责任编辑:刘　文

责任校对:舒　舍

封面设计:赤　祥

岳麓书社出版发行

地址:湖南省长沙市爱民路 47 号

直销电话:0731-88804152　0731-88885616

邮编:410006

版次:2023 年 7 月第 1 版

印次:2023 年 7 月第 1 次印刷

开本:787mm×1092mm　1/32

印张:10.75　插页:4

字数:162 千字

书号:ISBN 978-7-5538-1821-4

定价:58.00 元

承印:湖南省众鑫印务有限公司

如有印装质量问题,请与本社印务部联系

电话:0731-88884129

作者照片

作者与何兆武（左）摄于美国圣巴巴拉

作者与汤一介（左一）、刘大钧（左二）、方立天（右一）摄于美国洛杉矶

作者与与刘道玉（左）、章开沅（中）二先生合影

作者向学生口述历史

作者手绘张之洞像

作者手绘王国维像

作者手绘人物瓷画

小 引

自 1979 年正式入高校任教以来，恰逢改革开放新时期，在下立志研习文化史，以中华文化的首尾两段（元典创制期和近代转型期）为重点，不觉已历四十余年，其间未敢稍有旁骛。这一长途旅程，从涉溪试水，渐入江河泛舟，至今还不敢说已观沧海，然在探幽致远间，每每览得胜景，欣然、陶然。回首前尘，这一长行的准备，是从幼时开始的，父母兄弟，妻子儿女，老师同学，插架群籍，尤其是风涛激荡的社会生活，都在不断为吾之行囊添加装备物资。昔日走过的每一小步，都为后来的观世远游作了铺垫。"跬步千里"便是研习文化史的无尽长程的写真。

冯天瑜

2021 年 11 月 4 日于武汉大学人民医院楚康楼

目 录

第三部分

第四部分

第五部分

第一部分

随慈母"住读"
湖北省图书馆八年追思

如果有天堂，应是图书馆的模样。

——（阿根廷诗人）博尔赫斯

湖北省图书馆是我国历史最悠久的公共图书馆之一，张之洞创办的两湖书院南北书库为其源头。先母系省图馆员，余少时随其住省图 8 年，因而省图也是我的家，故将受教省图的经历列入"家学"之中。今年（2004）适逢湖北省图书馆百年馆庆，特撰小文以资纪念。

少年时代已经是相当遥远的过去了，我又是一个对生活细节易于遗忘的人，因此每当与儿时旧友谈论往事，多半只有洗耳恭听的分，难以插上嘴。当然也有例外，脑海中有些往事并未如烟，例如 10 岁至 18 岁在湖北省图书馆的一段泛舟书海的经历，不少情景还历历在目，鲜明如昨。

我的母亲张秀宜（1901—1971）多年做中小学教员，1949 年后到湖北省图书馆工作，直到 1962 年退休。我是五兄弟中最年幼的，大概也是随慈母左右时间最长的一个。自小学三年级起，我每天从武昌实验小学步行半小时，经红楼前阅马场，到绿树掩映的蛇山之麓、抱冰堂下的湖北省图书馆。开始两年，多在儿童阅览室看小人书，《三国演义》《水浒传》《说唐》《说岳》《希腊神话》《三个火枪手》一类连环画是我的最爱，除熟记那些引人入胜的故事外，还因连环画的导引而迷上了人物白描，有一段时间，我的课本、练习簿的空白处都画满中外英雄豪杰的造像，连解手纸也未能幸免。这种随手画人的习惯，一直保持下来。近 20 年在国内外参加学术活动，留下一批中外文化人的速写。被画者常问，你是不是接受过美术专业训练？我说没有，是小时候在湖北省图书馆儿童阅览室形成的信笔涂抹习惯。

　　大约从小学六年级开始，主要是在初中和高中阶段，我又成为湖北省图书馆成人阅览室的常客，每天放学归来，包括星期天，大都泡在阅览室里（省图只在周一休馆）。这得感谢 20 世纪 50 年代的中学教育尚无沉重的课业负担，即使像初中母校武昌实验中学、高中母校华师一附中这样的重点中学，功课在校内自习时便可做完。我对考分又一向不大经意（母亲好像也没有因我某次考分高而表扬、考分低而责备），课余便自由徜徉于湖北省图书馆的书廊之间。那种纵游书海，与应试无涉，没有被功利心所驱使，唯一的动力是兴趣、好奇，堂皇言之，是求知欲望。成年后读到亚里士多德《形而上学》中的名论："人们是由于诧异才开始研究哲学……人们追求智慧是为了求知，并不是为了实用。"回想自己少时读书经历，竟与古希腊哲言相暗合！惭愧的是，中年以后阅读，多是为课题研究找材料，各类图籍大多被分割、拼合成撰写某书所用的资料长编，昔时那种悠游于名著佳篇之中的陶醉感，以及对名著的整体把握，实在是久违了。近年我多次下决心，一定要摆脱中年读书的异化状况，复归少时读书的本真情态。然而，逝去了的过往，还能重拾吗？但总该努力一试吧。

在嗜书者那里，"心游万仞""思接千载"的文学女神往往最早降临。忆昔少年时，湖北省图书馆群籍中，首先令我形诸舞咏、心驰神往的，是中外文学名著。《三国》等讲史小说，《水浒》等英雄小说，《西游》等神魔小说，《红楼》等世情小说自然读得烂熟，林教头风雪山神庙的悲壮、秦琼卖马的无奈、岳飞枪挑小梁王的神勇，都使人摇情动魄；曹操得天时、孙权得地利、刘备得人和，也津津乐道，最初的"历史观念"大约由此获得。

以初中二年级为端绪，另一扇知识之窗豁然敞开：俄罗斯、法兰西、英吉利、德意志文学，如磁石般吸引了我的注意力。在那一相对禁锢、封闭的时期，这些名著打开了一个个孔隙，可以略窥广远、深邃而又新奇的外部世界。少时的阅读刻下的印象实在真切，屠格涅夫（1818—1883）描绘的林中狩猎、转型时期父与子两代人之间的精神冲突、农奴木木的悲惨遭际；列夫·托尔斯泰（1828—1910）铺陈的俄法战争壮阔场景，安德烈公爵战死前仰望苍天的冥想，比埃尔苦苦的精神探讨，《复活》中聂赫留朵夫的自我拷问；陀思妥耶夫斯基（1821—1881）抒写的彼得堡白夜飘荡的那些敏感而又病态的魂灵；契诃夫（1860—1904）对孤儿万卡一类底层人物的深切同情，对专制政治和市侩风气的揭露与鞭挞，都与我们得之中国传统的民本思想和忧患意识交相呼应。而肖洛霍夫（1905—1984）展开的顿河草原上葛利高里等哥萨克们在白红两营垒间的血战，阿列克赛·托尔斯泰（1883—1945）表现的十月革命前后知识分子的"苦难的历程"，则与当时从教科书上获得的革命概念颇有相异之处。巴尔扎克（1799—1850）精工细描的巴黎社会，葛朗台的吝啬、高里奥的凄苦、拉斯蒂涅的名利追逐，皆以艺术典型永记心际；司汤达（1783—1842）展开的法国王政复辟时期贵族与第三等级的矛盾冲突，于连的个人奋斗与牺牲；狄更斯（1812—1870）刻画的阴暗的伦敦下层，财产继承的惊心动魄；德莱塞（1871—1945）揭示的纽约金融界和艺术界的鏖斗；浮士德博士的渊渊哲思……不仅赢得美学感受，还多有社会史的认知收获。以后读到恩格斯对巴尔扎克《人间喜剧》的评价：

在这幅中心图画四周，他汇集了法国社会的全部历史，我从这里，甚至在经济细节方面（如革命以后动产和不动产的重新分配）所学到的东西，也要比从当时所有职业的历史学家、经济学家和统计学家那里学到的全部东西还要多。

联系早年读巴尔扎克《欧也妮·葛朗台》《高老头》《贝姨》《邦斯舅舅》的印象，对恩格斯的这段论述深以为然。后来我从事文化史研究，颇服膺于陈寅恪先生"以诗证史"（这里的"诗"可泛解为各类文学作品）的路数，这与早年从文学名著获得社会史的认知启示直接相关。

中年以后，被一个又一个课题挤兑着，很少有余暇读文学作品，常常引以为憾。但早年从中外名著中获得的对中西文化的体悟，却在不断反刍，颇有助于对历史问题的理解，尤其有助于中外文化比较的展开。从某种意义上可以说，日后能从事中国文化史及中外文化比较研究，得益于早年在湖北省图书馆对中外名著的大量阅读和整体、有机的把握。比照当下的大学文科教育，学生主要读的是几种通史，如历史系学中外古代史、近代史、现代史，中文系学中外文学史，辅之以少量的原著选读。这些"史"自然是应当学的，但今日大学生多是一路从严格的应试教育筛选上来的，6年中学被沉重的课业负担压得喘不过气来，难得有时间精力阅览整部名著（如果今日的孩子像我少时那样在图书馆看"闲书"，一定会遭到老师和家长的厉禁），到了大学，他们学的又是多门二手性课业，较少接触文史哲元典。美国哈佛大学的训言是"与柏拉图同在，与亚里士多德同在"，我们的大学也可以立信条为"与先秦诸子同在，与李白、曹雪芹同在"。然而，如果不读先哲元典，对元典有较深切的体悟，怎能得其真精神，怎能与先哲"同在"呢？

少时在湖北省图书馆喜欢阅览的另一类书籍是游记和地理书，它们使我足未出户，而遍历大江南北、黄河上下，尾随司马迁（约前145或前135—?）"西至空峒，北过涿鹿，东渐于海，南浮江淮"；追迹徐霞客（1587—1641）"朝碧海而暮苍梧"。除神交古人，泛游九州外，更远涉重洋，翱翔于佛罗伦萨、斯德哥尔摩，深入亚马孙热带雨林，穿越撒哈拉大沙漠。十几岁时，我特别着迷于地图，常将湖北省图书馆的各种中外地图册借来，铺在阅览室大桌上反复参看。记得某馆员笑问我是不是有周游世界的计划，这真道出了我的心思，那时我的最大愿望确乎是周游世界。

为周游世界做练习，我1958年暑假经同学蔡清萍（她父亲是湖北省博物馆干部）介绍，应湖北省博物馆之约，到鄂东山区搜集革命文物。一个16岁的孩子，怀揣省博给的二三十元钱（用作旅游差费和"收购"文物费），乘车先至麻城、蕲春、英山等县城，从县文化馆获得文物线索，只身步行大别山纵深处（好几次走到深夜），造访许多老红军（皆为当年脱队留下当农民者），收取文物十余件（红四方面军留下的刀枪、旗帜、货币等，每件或给一两元钱，或免费获取），大半个月间对土地革命的真实情况略有一点超出教科书的认识，如获知：一向视作红军战斗牺牲者纪念地的麻城乘马岗白骨墩（立有"红军烈士碑"），其实埋葬的数千红军官兵和地方干部，多是在张国焘搞肃反、打AB团时遇害。老红军带我到现场观看，并历数当年情景。另外，老红军当下的极端穷困的生活状态也使我惊讶。总之，16 岁时的大别山经历，我初领不仅要"破万卷书"，还要"行万里路"的道理。

大别山老苏区之行，给我留下难忘印象，回校后写了一篇记述此行的作文，教语文的李基姚老师大加称赞，在班上做范文宣讲。其实，那篇作文隐去了给我震撼最深的部分：肃反扩大化，以及脱队老红军在 20 世纪 50 年代的凄苦生活。这可能是"反右"运动（特别是父亲被打成右派）给一个少年留下的影响，不敢揭示社会真相。直至 20 年后的改革开放，自己才走出此种阴影。

由于熟读各类地理书和地图册，加之睡觉前时常想象自己到世界某地，并为某国某地设计发展蓝图，久而久之，便能如数家珍地说出中国各省乃至世界各国的简史、面积、人口、都市、山脉、河川、矿藏资源、风俗习惯，乃至国民经济总产值，钢铁及粮食产量等指标约数，并养成持续关注的习惯。20 世纪 80 年代以降，随着改革开放的拓展，我也得以历访美国、日本、澳大利亚、德国、法国、新加坡、俄罗斯、瑞典、匈牙利、奥地利等国，部分实现早年"周游世界"的梦想。在国外参会或讲学之余，与陪同游览名胜的外国友人谈及该国该地自然状貌、社会风情、历史演进、艺文哲思诸细节，有些内容外国友人亦觉新鲜，于是大表惊讶，或夸我为"某国通"，或问我是不是访问前夕对该国、该地的史地概况做过专门准备，我说，非然也，那些"准备"是小时候完成的。其潜台词为：那一切是十几岁时在湖北省图书馆博览史地书准备的。

地理常识当然不是高深学问，但烂熟于胸可以产生实在的空间感。历史总是在特定空间运行，史学工作者不仅要有清晰的时间意识，还应当形成真实的空间意识，只有如此，才能对历史人物、历史事件产生方位感、质地感和度量感，历史人物和事件才能立体地得以再现，我们也才有可能对其作同情的理解，达到"知人论世"境界。我每每建议学文史的青年朋友，多读点地理书和高水准的游记，熟悉地图，以合古之治史者"左图右史"的教言。而这种心得，是少年时代在湖北省图书馆获得的。

20 世纪 50—60 年代的湖北省图书馆可谓藏龙卧虎之地，少时我在馆里见过的老馆长方壮猷（1902—

1970）、杨开道（1899—1981）等都是硕学鸿儒。

方先生 20 世纪 50 年代初任湖北省图书馆馆长，是卓有贡献的历史学家，与我父亲冯永轩在清华国学研究院第一期同学，受业于梁启超、王国维等国学人师。方先生一次巡视阅览室，发现成人读者中有一个小孩（小孩一般不能入成人阅览室），便上前亲切询问，馆员介绍，"这是张老师的儿子"，方先生马上用浓重的湖南乡音说："那不是永轩兄和张大姐公子嘛，好，好，他这么好学，将来一定可以继承乃父事业。"方先生这番不经意的话，我记了一辈子。

杨开道馆长是我国农业社会学开创者（是费孝通的老师），好像是留美的，曾任华中农学院院长，来省图做馆长，约在 20 世纪 50 年代后期，我已念高中，曾在晚饭后与他在图书馆院子里聊天，谈及各国经济发展水平，我不知天高地厚，列举各国工农业数据和发展态势，杨先生很感惊讶，高兴道："你是个学社会学的材料，以后跟我学吧。"在场的一位馆员说："他熟读文史，大概会学中文。"由于父亲当时戴着右派帽子，而 1958 年以后高考"政治条件"压倒一切，我早已不存考取理想专业及大学的念想，故只能对杨馆长等人的期望付之一笑。当时还隐约获悉，杨先生1957年"反右"受过打击，戴着右派帽子，但他仍显得潇洒、气宇轩昂，我心中暗暗佩服。

副馆长张遵俭先生（1915—1990）寡言、低调，我少年时与他好像没有对过话。20世纪80年代初写作《张之洞评传》，获知张馆长是张之洞侄孙，曾两次造访，一谈之下，发现此人内秀、博学，不愧文襄公后人。

新时期担任湖北省图书馆馆长的孙式礼先生，是"三八式"南下干部，20世纪50年代人称"孙秘书"，负责馆里的党政事务。他为人谦和，少有当年干部常具的"左气"，且广闻博识，从他嘴里时能听得种种文界掌故和名人逸事，足见其阅览之博。

新时期副馆长徐孝宓先生，是藏书大家徐行可（1890—1959）的哲嗣，我少时从父亲处听过关于徐老先生苦心孤诣搜罗秘籍的趣事，又从母亲处得知，孝宓先生没有进过学校，得徐老先生家学，自成渊博的图书馆学家，其对版本、目录学之精熟，省内难得。我住图书馆时，孝宓先生夫妇都还年轻，待我十分亲切。

以上提及的，除徐夫人陈晓平老师硕果仅存外，其他都已乘鹤仙逝，但他们的音容笑貌永存吾心。

"文革"期间，退休在家的父母屡受街道居委会的迫害之累，母亲还弄瞎一只眼睛。父亲一生省吃俭用、采自各地的相当丰富的藏书（不乏善本），被抄走、退回，再抄再退，后听说街道上将有一次更彻底的查抄，我获悉消息立即从汉口（工作单位在此）赶回武昌老家，与父母及三兄商量，决定抢在查抄者到来之前，将藏书捐给省图书馆，以免珍贵文籍损失。图书馆接我电话，派人用几辆板车将书拖走，父亲尾随板车队跟跟跄跄地追了好长一段路，回家后发呆几天（省馆还派汽车到派出所，将堆放那里的另一批冯氏藏书拖走）。20世纪80年代初，我听说省图书馆特藏部中还散置着不少盖有"冯永轩珍藏"等藏书章的书籍，我几次想提出进特藏室看看这些自小常常翻阅的旧籍，也曾想建议设一冯永轩捐书专架，但念及历时已久，原有的万册藏书大多风流云散，于是也就把这种请求咽了回去。

中年从事文史研究，除自己日渐壮大的藏书外，主要利用所在大学及院系藏书，但偶尔也到省馆查阅（如 20 世纪 80 年代写《张之洞评传》和《辛亥武昌首义史》时），而每到馆里，老馆员张德英先生等都热情接待，颇有如归故里的感觉。近几年撰写《新语探源——中西日文化互动与近代汉字术语生成》一书，曾到省馆查书，阳海清馆长等大力帮助。熟识的学界前辈，如姚雪垠、张舜徽先生等，也曾对我提及过他们从事撰著（如姚写《李自成》、张写《清人文集别录》）得益于省馆藏书的故事。湖北学人的著述活动多得省图书馆之助。

获悉省馆百年馆庆在即，日前与从北京返汉的大哥专程到我少时生活过 8 年的故地转了一圈，看到省馆近侧新起的楼宇和绝大多数工作人员生疏的面孔，颇有时光"如白驹过隙，忽然也"的慨叹。然而，这里永远是亲切的、生机勃勃的，因为它是哺育我们的精神家园。

2004 年秋末记于武昌珞珈山，2015 年夏修订

附记 时下忆及阅读经历，每觉惭愧与遗憾。如果说青少年时代博览中外文史名著，受益终身，然中年以降虽仍保持阅览习惯，却与书籍的时代进步渐渐

拉开距离。记得 20 世纪 80 年代末会见苏联科学院的汉学家布罗夫，讨论俄罗斯文学，布罗夫颇为我熟悉普希金、屠格涅夫、托尔斯泰、陀思妥耶夫斯基、契诃夫、肖洛霍夫、法捷耶夫而赞叹，以为深度广度皆属上乘。但议及 50 年代以后苏俄文学，我却十分生疏，被称作继普希金以后最伟大的俄语诗人、诺贝尔文学奖得主布罗茨基竟全未阅读，对布罗茨基的前驱阿赫马托娃、茨维塔耶娃也所知甚少。因此，自忖对俄罗斯文化的了解是很不完整的，广而言之，自己熟悉的是 19 世纪及 20 世纪上半叶在中国传播的俄国文化。最近看到由 12 位资深读书人推荐的 24 本好书，我一览书目，发现除托尔斯泰的《战争与和平》、吕思勉的《秦汉史》读过外，其他均未亲炙，有些连书名亦未曾得知，可见自己的阅读状态已大大落伍，因而对文化前沿愈益陌生，世界观及方法论亦受制于此。近几年，江汉大学每当开学之际给校董寄赠几本当下前沿论著（中信出版社出版），我逐一翻阅，大开眼界。这一最新经历使我体悟到：包括阅读在内的对世界的认知必须偕时而进，不可中辍。

　　阿根廷盲人作家博尔赫斯（1899—1986）在就任

阿根廷国立图书馆馆长的时候说过："如果有天堂，应是图书馆的模样。"湖北省图书馆就是我心目中的天堂。

2016 年 1 月 31 日

从泛览群籍到
攻读经典：庭教记略

20世纪80年代初期以来，沉寂多年的文化及文化史研究在中国大陆兴盛起来，议论迭出，著述纷呈，有人称之"文化热"。后来，又有此"热"现已转"冷"之说。然而，作为躬逢其盛的参加者，我似乎没有感到忽"热"忽"冷"的起伏跌宕，只是觉得，这项切关紧要的研究工作在不正常地萧条30年之后，近10余年来始而复苏，继而向纵深拓展，目前方兴未艾。此外，就个人经历而言，走上文化史研究道路，也与一时之热潮关系不大，而可以说是蓄之久远，发于天然。

从小学3年级到高中毕业，也即9岁至18岁间，我随母亲住在她工作的湖北省图书馆。开始两年，每天放学归来，便自由徜徉于书籍的海洋。那种纵游书海，与应试无涉，没有被功利心驱使，唯一的动力是好奇，堂皇言之，是求知欲望。

在嗜学者那里，"心游万仞""思接千载"的文学女神往往最先降临。忆昔少年时，令人摇情动魄、形诸舞咏、心驰神往的，首推中外文学名著。《水浒》《三国》《西游》《说岳》《说唐》，自然读得烂熟，梁山好汉的绰号和武功特长一一讲来毫不费力；秦琼卖马、岳飞枪挑小梁王之类故事更使十二三岁的孩子沉醉；曹操得天时、孙权得地利、刘备得人和，也津津乐道，最初的"历史观念"大概由此获得。以初中二年级为端绪，另一扇知识之窗豁然敞开，俄罗斯、法兰西、英吉利、德意志文学以特有的魅力，如磁石般吸引了我的注意力，它们展开一个又一个广阔、深邃而又新奇的世界，带来无限遐思。至今我仍能鲜明如昨地忆起莎士比亚笔下李尔王的悲壮、奥赛罗的执着、哈姆雷特的渊思；至于屠格涅夫描绘的林中狩猎，托尔斯泰铺陈的俄法战争场景，陀思妥耶夫斯基抒写的彼得堡白夜，巴尔扎克精工细描的巴黎上流社会，狄更斯刻画的阴暗的伦敦下层，更历历在目。尽管以后很少重读这些大师的作品，但早年从文学名著获得的对中西文化的体悟，颇有益于后来对历史问题的理解，尤其有助于中西文化比较的展开。

兴趣是记忆的窗口和蓄电池，也是记忆的筛选器。我于史事、典籍、地理能如数家珍，但记忆也有不佳之处，电话号码、门牌号码等切关紧要的数据老是忘却；购物回家，夫人问价，一概应答不出；更有甚者，朋友相见，有时竟呼唤不出对方姓名，弄得十分尴尬，只得托词把妻子领出室外，低声询问："此人极熟，他叫什么？"

少年时代我博览群籍却未能精读，正所谓"好读书而不求甚解"。真正青灯黄卷，攻读经典，默识深思，则始于青年时代，这得感谢父亲的庭训。

先父冯永轩是一位历史学教授，早年就学武昌高师（武汉大学前身）时从文字学家黄季刚先生学，又入清华大学国学研究院第一期，师从梁启超、王国维等国学大师，以后转徙各地任教。先父性格刚直，宁折勿弯，1958 年被戴上右派帽子。其时正在念高中的我，心情十分抑郁，只有忘情于文学时方获得几分精神自由。1960年初，我正值高中毕业前夕，三兄因发表批评"反右""反右倾"的言论而被作为"反革命"逮捕。父兄的"问题"显然杜绝了我投考理想大学和专业的可能。而恰在此间，又暗自做起了作家梦——一个缥缈遥远的梦。从许多中外作家的经验谈中得知，念大学文学系与当作家风马牛不相及，作家的大学是生活，写作实践是驶向目标的风帆。基于以上几层原因，高中毕业时我对考大学全然失去兴致，同学们备考最紧张的几个月，我仍然在省图书馆阅读《悲惨世界》《复活》《白痴》之类，并且出乎一直视我为文科人才的师友们意料之外，录入武汉师范学院生物系。感谢生物系的课业较为轻松，使我在涉猎自然科学理论与方法（尤其是达尔文进化论），"多识鸟兽草木之名"的同时，赢得大量时间，继续攻读文史哲书籍并练习写作。大学4年间，陆续发表一批科普文章、散文和杂文。记得21岁时（1963年）刊发的一篇游览颐和园万寿山的文章（题为《不要忘记帝国主义》），于写景间纵论古今，颇得友朋好评。一向喜爱文学的母亲，特别将那篇文章从报纸上剪贴下来，并批语保存。以后我出版书籍数不在少，也有过杀青付梓之乐，但都无法与1963年那篇短文发表时的激动相比。

与母亲常以欣赏目光注视儿子迥相差异，不苟言笑的父亲从来没有夸奖过我，但他可能发现小儿子确实热爱文史，正可弥补前面四个儿子纷纷从事其他专业带来的遗憾。而20世纪60年代初期父亲刚被摘掉右派帽子，心绪稍稍宽松，便连续几个寒暑假，给我讲授《论语》《孟子》全文和《史记》选篇。记得每日晨起，父亲手不持片纸，不仅逐句吟哦经典原文，而且引述程注、朱注等各类注疏，并联系古今史事，议论纵横。我则记录不辍，偶尔插问，父亲又申述铺陈。如此，由旦及暮，母亲端来的饭菜常常凉了又热，热了又凉。

由泛览进而精读，从浮光掠影于知识圣殿边缘，到逐步升堂入室，其转折发生在1962年至1965年这段庭训之间。当时我并未意识到其意义，直至后来走上学术研究道路，方深觉重要。当然，对中国古典的研读，毕竟是青年时代才开始，以后又未能持续坚持，故在对古典的熟悉程度上，远不能与有"童子功"的老辈学者相比。我们这一代学术工作者可能有某些长处超越老辈，但对本国文化元典的熟悉与体悟方面显然不足，这是难以出现一流文史大家的原因之一。弥补办法，除我辈尚需努力外，更要着眼于新的一代。我有一个构想：从培养文科尖端人才计，可在少数重点学校（最好从高小开始）开设少量班级，除普通课程外，增设古典课，使学生对文化元典熟读成诵，再辅之以现代知识和科学思维训练，从中或许可以涌现杰出文史学者。

"文革"时期，工作单位武汉教师进修学院派仗连绵，逍遥派则每日学习"五十四号文件"（扑克）。我于派仗很快厌倦，对那一据说是韵味无穷的"五十四号文件"又兴趣索然，于是便躲进一家三口挤居的 11 平方米的宿舍里读书（1968 年结婚，分得此小房间，一住多年）；开会学习文件时，也在文件掩护下藏书偷阅。那时可读的当然只有鲁迅书、马列书，偶尔也有《第三帝国的兴亡》等书私下流传。从60 年代末期到 70 年代中期，我认真通读了《鲁迅全集》和几种马列经典。鲁迅对社会、人生的深刻剖析，对历史、文化的独创见解，以及无与伦比的犀利文笔，都于我恩泽久远。而《德意志意识形态》《法兰西内战》《反杜林论》《家庭、私有制和国家的起源》则提供了历史辩证法的生动范本，并使我开始受到理论思维训练，又对哲学及哲学史发生兴趣。黑格尔把哲学比喻为密纳发的猫头鹰，黄昏时方起飞。对一个民族来说是这样，对一个人来说也大抵如此。就我而言，最先发生兴趣的是文学，紧随的是史学，以后才是哲学。然而这只猫头鹰给人的教益深刻。如果说，文学提供的是形象，史学提供的是事实，哲学则昭示着规律。

70年代后期，我遇到一次选择专业的机会。少年时的作家梦这时早已淡化，因为自知形象思维非己所长；而哲学固然有诱惑力，但玄虚抽象又令人生畏。于是我决计以冷热适度、虚实相济的历史研究为业，步龙门扶风后尘，跨入史学之门。由于目睹近30年的史学偏于政治史和经济史，文化史久遭冷落，而自己对文、史、哲均有涉猎，又稍长于综合，便选择总揽诸观念形态的文化史为自己的专攻——那时尚在全国性的"文化热"兴起以前三四年。此外，自己既为鄂籍，自80年代初开始担任湖北省地方志副总纂和武汉市地方志副总纂，于湖北及武汉史志责无旁贷，于是又兼治湖北地方史志，以辛亥武昌首义史和张之洞为主要研究对象。文化史与地方史便成为我习史、治史的一体两翼，并有助于宏观把握与微观考察的交融互摄。

今日回首反顾，早年的泛览、青年的庭训、中年的抉择，历历在目。正是这一切，使我走过一段并不完善却又趣味盎然的学史、研究道路。

未成文的家训

20世纪90年代，一次朋友聚会，大家在漫议间，追忆起各自的家训，于是，不少警辟的治家格言竞相呈现，或引人莞尔一笑，或令人击节赞叹，然而我却侧坐无语。一位老兄发问："天瑜，你怎么不作声？你那书香世家，应当有很好的家训，说来听听。"我一时应答不出，因为，我们家里并未拟订过家训，没有朗朗上口的治家格言。散会后，我时而琢磨：冯家固然未能拟出成文家训，先父母也不爱说教，极少宣讲"如何做人"之类的大道理，但冯家还是无言地传承着自己的做派与风格。那么，这种传递不辍的风格（或曰"家训"）应当如何概括呢？回顾先父母的音容笑貌，追忆他们一生行事作风给我们兄弟树立的身教，我吟出六字——"远权贵，拒妄财"，这是否可以视作冯氏家训呢？

父母都不具有进攻型的性格，讲究的是"君子不为"，一生守住底线；抵御权贵和金钱的威压、诱惑，只求一个心安理得。我把上述六字报告天琪大哥，他立表赞同，并举出故事，说明父母如何"远权贵，拒妄财"，其中新疆一例较为典型。

大哥长我十多岁，与父母相处最久。1935 年，六岁的大哥与两岁的二哥随父母远赴新疆。当时统治新疆的盛世才，正以"开明"面目现世，吸引了不少内地知识分子，如茅盾、杜重远、萨空了，乃至赵丹，皆曾投奔新疆，期望以新疆做建设新中国的基地。先父也是此行列中人。到新疆后，父亲确实受到盛世才的重用，出任当时新疆最高学府——迪化师范学校校长，又任新疆编译委员会委员长。盛世才还许诺，以后将委以重任。但先父在与盛世才交往中，发现此人野心勃勃，又阴鸷可怖，先父毫不留恋地位和待遇，决计摆脱盛氏，离开新疆。盛氏当然不愿放走好不容易从内地邀请来的人才，一再挽留，先父使尽各种计策，包括仿效蔡锷脱离袁世凯的办法：装作与夫人大闹，以家庭无法维持为理由，诱使袁世凯同意蔡锷离京，先父也如此演绎，几番周折，盛世才只得放行。先父遂带长子天琪经河西走廊返回内地（二哥已过继给有女无子的大舅，留在新疆），先母则赴苏联塔什干留学，后从西伯利亚铁路绕道海参崴，沿海路、江航，到武汉与父亲团聚，冯家算是摆脱盛氏的掌控。几年后，盛世才撕破"开明"假面，在新疆屠戮各种进步人士（包括共产党人陈潭秋、毛泽民、林基路等），时任新疆教育厅厅长的我大舅死于刀下、四叔被投入监狱，二哥与表姐流浪新疆数年。若父亲当年稍有依恋权位、金钱之念，不毅然离新，必死于盛氏屠刀之下。

　　天琪大哥还讲到，抗日战争期间，父母在鄂东山区执教省立第二高中（父亲当过二高校长），不惧当局高压，抵制 CC 系对学校的控制，终于辞职以抗，一段时间家庭生活极度艰困。

　　抗战胜利后，冯家回到武昌，其时年幼的我渐有生活印象。记得家居的正对门住着一位国民党元老，地位甚高，1948 年当选"国大代表"，那条小巷车水马龙、热闹非凡。先父母多年间决不与这一巨室来往，少时的我从未进过其大门。反之，冯家与周围的贫寒人（谢家、戴家等孤寡之家）相处极好，对其常有周济。（"文革"期间冯家遭难，一再被抄，而暗中帮助冯家脱险的，正是谢、戴家人。）母亲的一位同事周安（我少时称她"周先生"），丧夫，自己又半身不遂，母亲迎其在我家居住多年，直至送终。冯家与另一对门的李家关系密切，往来频繁。这李家主人是中共创始人李汉俊，李汉俊1927年被当局杀害，李太太带女儿住此。我少时常去李太太家玩耍，见其孤儿寡母，家徒四壁，清贫孤苦，而我父母对李太太母女十分亲近。前几年我在武大校园遇到李汉俊女儿（武大物理系教授，已行年九十），共同忆起李冯二家的情谊，李教授连称冯先生、张先生（指我父母）人好，决不势利，并夸奖："冯家家风上品。"

父亲的不畏权势威压，坚守正直人格，有一例给我留下深刻印象。1957年夏，父亲的老学生，时为武汉师院工会主席的高维岳，受校党委指示，主持教师"大鸣大放"。不久"反右"运动骤至，高维岳被指煽动教师"向党进攻"，第一批划为右派，父亲拍案而起，说高维岳是老实人，按党委布置，组织教师提意见，怎么成了"反党"？本来，父亲并未参与"鸣放"，不会打成右派，现在他自己"跳出来"，为右派鸣不平，且不肯认错，又拒不"揭发"他人，于是在1958年春被戴上最后一批右派分子帽子，停发工资（只给"生活费"），以六十高龄遣送农场劳动。后来我大哥、二哥到校方了解父亲情况，主事者说：冯某人本无太多反动言论，但居然抗拒反右运动，"态度极坏"，又在师生中影响大，阻止师生揭发右派，成为运动阻力，故非打成右派不可。

父亲这种不惮权势压力，宁可自受伤害也决不陷害人的做派，给我以潜移默化的影响。在后来的岁月，我也有数次"挨整"经历，但挨整期间决不揭发别人，是我的原则。单位的专案负责人对我极其恼火，告知属下：对冯某别抱幻想，他"要做人"。事后我想，这位以"左"闻名的专案官的"要做人"之说，却道出了真相，而这正是冯家风格的一个方面。

此外，我本人20世纪70年代后期一再拒绝"进京任职"（因此避免了日后的种种麻烦），又在1984年、1986年两次推辞湖北大学校长任命，几位兄长和我妻子都支持这种抉择，此皆冯氏家教的余韵流风。

（略需说明：进京任职、当校长的，好人多多，做出有益贡献的也不乏其例，只是我于"权位"无兴趣，故辞谢之，这只是说明家教影响力之深，决非自命清高，更无推广上述做法之意。）

父母一生清贫自守，淡看金钱，"有饭吃即可，何必追求多财"是冯家口头禅。父亲有颇高的文物鉴赏水平，几十年间又在全国各地周游教书，每到一地，必从自己有限薪水中挤出资金，选购书画、钱币等文物，几十年下来，数量可观，且多佳品，自20世纪50—60年代即有人求购，父亲总以"非卖品"相应。1978年，冯家将所藏古币（从夏代贝币、春秋战国布币刀币、秦半两、汉五铢，直到唐宋元明清的通宝钱），全部捐赠武汉师院刚复建的历史系，今湖北大学钱币馆的主要馆藏来自此。近十年来，我整理出版家藏文物图册（《冯氏藏墨》《冯氏藏札》《冯氏藏币》，合称"冯氏三藏"），冯氏收藏渐为人知，内地及香港欲以高价收购者不时与我直接或间接联络，皆被谢绝。这是遵循"收藏而不贩卖""取自社会，回馈社会"的冯家原则行事。

父母曾经讲过什么立身做人的教言，我已失去记忆，但他们"远权贵，拒妄财"的处世风格，却至今历历在目，且对我们兄弟影响深远，友人唐翼明说：在嗜权逐钱之风日盛的当下，冯氏"远权贵，拒妄财"的家教尤具价值。翼明兄言重了，那卑之无甚高论的六个字，冯氏子孙用以独善其身，庶几可以，然治平社会则不敢奢望。

家中长老

——记梁启超、王国维、王葆心墨宝 *

一、先父三师（黄侃、梁启超、王国维）条幅

先父冯德清（1897—1979），字永轩，以字行，湖北黄安（今红安）人，出身自耕农家庭，1923年入读国立武昌师范大学（武汉大学前身），师从文字学家黄侃（1886—1935）。（《藏墨》收黄侃手撰条幅、扇面）

---

* 近将家藏夏商周至明清钱币编入《冯氏藏币》，连同《冯氏藏墨》《冯氏藏札》合称"冯氏三藏"——2016年5月补记。"三藏"经修订，命名《黄安冯氏珍藏书画》《黄安冯氏珍藏信札》《黄安冯氏珍藏钱币》，由中华书局出版——2021年8月再补记。

1925 年清华大学国学研究院（正式名称"清华研究院国学门"）创办，先父考取，受业国学大师梁启超（1873—1929）、王国维（1877—1927），并开始搜集文物，这发端于对梁、王二先生赐字的珍藏。

梁启超赠冯永轩对联，书宋词集句。其原委是：约在 1923 年，梁夫人李蕙仙（1869—1924）生病住院，梁先生陪护时随携《宋词选》，从中择句，组成联语几十条。此后数年，手撰集句赠送友朋、弟子。先父1926 年从清华国学院毕业时，梁先生所赠，正是其中之一，上题"永轩仁弟"，落款"梁启超"，记时"丙寅四月"，白文名章"新会梁启超印"，白文闲章"任公四十五岁之后所作"，上联"遥山向晚更碧"（北宋词人周邦彦句）；下联"秋云不雨常阴"（北宋词人孙洙句）。前几年，《光明日报》刊发纪念北京大学王力教授文章，配梁先生手书赠王力（清华国学院二期生）宋词集句照片，格局与梁先生赠冯永轩的相同。多被引述的梁启超赠胡适对联（蝴蝶儿晚报春又是一般闲暇；梧桐院三更雨不知多少秋声），同此式样。

王国维条幅，撰东晋陶渊明《饮酒诗》之一，上题"永轩仁弟属"（此处及前引梁启超所提"永轩仁弟"之"弟"，为弟子简称，先生呼直接授业学生为"弟"），落款"观堂王国维"，白文名章"静安"，朱文名章"王国维"。先父在国学院的研究题目为"诸史中外国传之研究"，毕业论文《匈奴史》，王先生指导，曾手撰有关匈奴史论著篇目（《藏墨》收王国维为冯永轩所开书单）。

梁、王条幅长年悬挂我家堂屋，先父又时常谈及二先生道德文章及种种逸事（留下印象最深的故事是，因梁启超是广东南海康有为的学生，王国维是逊帝宣统的师傅，第二期开始任教的陈寅恪戏称清华国学院诸生是"南海圣人再传弟子，大清皇帝同学少年"），故自幼我们兄弟对梁、王两位有一种家中长老的亲切感。

1927年王国维自沉颐和园昆明湖，其时先父任教武汉，清华国学院在校学生向校友发讣告，此一文本，历经战乱、动乱，先父不离身边（《藏札》收清华国学院在校生寄出的王静安先生辞世讣告、王国维遗书等相关文字）。

清华国学院招收四届研究生，共约七十余人，有"七十子"之称，多成为文史哲诸学科大家（先父谈及，与清华同学中交往较密的是刘盼遂、徐中舒、高亨等。《藏札》收清华国学院一期生刘盼遂致冯永轩函二通、吴其昌致时昭瀛函）。今之清华国学院编"清华国学书系"，包括四大导师、诸教师及研究生论著，已出版《冯永轩文存》（江苏人民出版社2014年版），收入先父主要作品。

二、新疆文献

父亲师承王国维，致力西北史地探究，早有赴西域考察之志。我大舅张馨（1888—1940）20世纪30年代任新疆教育厅厅长，服膺孙中山"联俄、联共、扶助农工"三大政策。统治新疆的盛世才（1895—1970）30年代以开明面目现世，招纳内地进步文化人（如茅盾、杜重远、萨空了、赵丹等），先父在被邀之列，与先母张秀宜（号稚丹，1901—1971）带大哥、二哥赴新。父亲1935年5月途中所写日记称：

> 阅日人藤田丰八所作之《西北之古地研究》，因有所感。日人对我国边疆早就注意研究，而我国人士还蒙然不知，我辈身为学子，对此应负责研究，以期国人知如何开发西北。此次赴新即以

此为鹄的。

父亲抵新疆首府迪化（今乌鲁木齐），盛世才委以迪化师范（当时新疆最高学府）校长、新疆编译委员会委员长。不久，父亲发现盛是阴险、可怖的野心家，决定离开，但盛不愿放走从内地聘来的高级知识分子，一再挽留。父亲仿效蔡锷（松坡）摆脱袁世凯的做法，假装跟母亲大吵，不能共处，盛无法，只得放行。父亲带着大哥从河西走廊返回湖北，二哥过继给大舅（故二哥又有张姓），母亲则赴苏联东方大学塔什干学院留学，在那里生下三哥，再取道西伯利亚、远东海参崴，回武汉与父亲团聚。

父亲在新疆注意于敦煌、吐鲁番文书集藏（《藏墨》收唐人写经、贝叶经，王葆心、唐醉石、关百益、孙易等应先父之请书写敦煌吐鲁番卷子的题跋多种），又广搜历史人物墨迹，一如清两江总督牛鑑（1785—1858）对联，先父边批两处（《藏墨》收牛鑑六言联及永轩边批）；再如左宗棠（1812—1885）率楚军平定阿古柏（约1821—1877）、收复天山南北两路时的手书对联："山高水长中有神悟；风朝雨夕我思古人"，词意深远，笔力遒劲，彰显统帅兼文豪的雄阔气象。字幅多油迹，估计是新疆人吃手抓羊肉时沾上的（《藏墨》收左宗棠八言联，先父在字轴外侧记曰"永轩购于乌桓"）；三如新疆政要议西北军政外交的函件（《藏札》收入左宗棠属下将领及清末民初主政新疆者书信多通）。

父亲对盛世才的观察是准确的。父母离新后，大舅张馨被盛逮捕，继遭屠戮（中共驻新代表陈潭秋、毛泽民、林基路也被盛杀害），随父亲赴新的二叔冯德浩入狱，我二哥及两位表姐颠沛流离数载，直至1945年张治中入疆，削夺盛世才权力，父母才联系上二哥，迎回武汉家中。中华人民共和国成立初，父亲寻找我二叔，写信给新疆省府主席包尔汉（1894—1989，30年代与先父相熟），包立即以潇洒的汉字复函，说明冯德浩及大舅女儿张式婉下落。信札上方有"新疆省人民政府用笺"字样，朱文名章"包尔汉"，上汉文，下维吾尔文，此种名款较为罕见。（《藏札》收包尔汉致冯永轩函）

三、历战乱烽火

1938年秋日寇侵占武汉前夕，先父母举家乘木船东下黄冈山区避难。父母的方针是，生活用品尽量缩减，而藏书及字画等文物全数带走。乡居数年，先父教过私塾，又在湖北省第二高中执教，曾任该校校长。因日军反复"扫荡"鄂东山区，家里多次"跑反"（逃难），衣物等抛却不少，而藏书、文物则始终保存完好，乡间亲友为此肩挑背扛，出力甚勤。在鄂东山区期间，先父与避居罗田的国学大家、方志学巨擘王葆心（1867—1944）时常切磋鄂东史地及西北文献诸问题。（《藏墨》收王手撰吐鲁番文书题头，《藏札》收王葆心致冯永轩书信八通）

1942—1945年，先父应聘任安徽学院（安徽大学前身）历史系教授，存反映该校抗战间办学的材料（《藏札》收安徽学院致冯永轩函七通）。在极其困难的条件下，先父曾筹划举办文物展览，以期激励师生及民众爱国热情。

1945年抗战胜利，先父母率全家返回武汉，木船所运物品，主要仍然是藏书和文物。翌年先父应聘西北大学历史系教授（《藏札》收西北大学致冯永轩函四通），继续西北史地研究（《藏札》收西北考古大家黄文弼致冯永轩函二通），所著《西北史地论丛》及《中国史学史》成稿此期（二书收入《冯永轩文存》）。

西安乃千年古都，20世纪40年代中后期，古籍文物遍于坊间，货真而价廉。先父常与相随西安就学的我大哥徜徉于街头古董摊前、城郊汉唐陵园，收获颇丰。天琪大哥追忆诗曰："秦陵探胜，茂陵访古。偶得刀币五铢，幸获未央瓦当。喜不禁，父子且歌且舞。"

先父对抗战胜利后国民党政府腐败十分不满，多有批评，被当局戴上"红帽子"，常有"职业学生"尾随、盯梢。先父遂于1949年初离开西北大学，转任湖南大学教授。其时内战正酣，似有划江而治之势，先父离湘回汉。

中华人民共和国成立初期，先父任湖北师专（旋改为武汉师范学院）历史系教授，得以较系统地从事楚史研究，收藏古籍文物的情志也有增无减。20世纪50年代，余念中小学时，常见一位戴深度近视眼镜的长衫客造访武昌老宅，其人总是挟着一个灰布包袱，神秘兮兮地走进父亲书房，闭门良久，出来时多半只拿着叠成小方块的包袱布。显然，这位来自汉口的古董商（隐约记得姓高）又在父亲处推销了几本古籍，或几幅字画。家中的衣食照例是简朴的，且不说我做老五的历来穿补丁旧衣装，就是父母也没有一件完好的毛线衣（父亲辞世时所穿羊毛衫袖口是破的）——工资半数耗费在购置书籍、古董上。家人早已对此视作当然。

四、抢救于"文革"抄家

父母于 20 世纪 60 年代初退休，归武昌矿局街老宅所在居委会管辖。1966 年"文革"爆发，居委会"扫四旧"之狂热不让于学校，老宅被抄家数次，颇丰厚的藏书一再遭扫荡，其中一些善本、孤本或被撕毁，或充作街巷妇人糊鞋样的材料，父亲作为楚史研究先驱撰著多年的三十万言楚史稿本（1960 年前后余曾协助誊抄）也不知所终，呜呼哀哉！为减少损失，三哥与我通知母亲长年工作过的湖北省图书馆，该馆派人以麻袋装、板车运方式抢救部分藏书（省图还派汽车从街道办事处拖走一部分堆放那里的冯家藏书）。

父亲踉踉跄跄尾随板车走了好长一段路。今之湖北省图书馆特藏部还有若干盖有先父印章的古籍，它们是逃过抗日战火、"文革"浩劫的幸存者。1996年，笔者为萧放、孙秋云、钟年三君著《中国文化厄史》作序，追述中国历史上惨烈的"书之十厄"，而先父藏书的遭际，过电影似的在眼前一一闪现。[《藏墨》收先母民国三十年（1941）在鄂东山区手撰《永宜堂图书登记》(部分)]

比藏书幸运的，是字画与古钱币，因其一向放在七八只旧箱子里，置于堂屋天花板之上的漆黑空间（无固定楼梯，须搭临时梯子上去），抄家者未能发现。这样，字画、古钱币大部分得以保存。

家中时常悬挂的还有黄侃先生和王葆心先生赠先父条幅。黄侃先生是先父20世纪20年代初就学武昌高师（武汉大学前身）时的业师，师生过从甚密（以后先父与黄先生哲嗣黄念田是终生好友）。我少时常听父母讲季刚先生（黄侃字季刚）种种趣闻逸事，对这位学术渊博而性格特异的大师有亲切的认知。20世纪80年代初撰《辛亥武昌首义史》，其中一节论及黄侃在首义前几月酒醉后挥写《大乱者，救中国之妙药也》一文，文毕即买舟东下，不久此文刊载于《大江报》，成为武昌首义的动员檄文。撰及此段，我联想起父母平日讲述的黄侃的独立特行，不由发出会心之笑，我的这段文字也就写得尤其传神。王葆心先生一代鸿儒，董必武对其辞世有"楚国以为宝，国人失所师"的赞评。我少时常从父母处听到季芗先生（王葆心字季芗）的爱国情怀和冒死撰著的故事，讲到王先生两个女儿抗战期间在先父母任教的湖北省立第二高中就读的情形，又拜览王先生抗战期间在鄂东期间给先父的多种书信和题跋，已全然视王先生为吾之切身师祖。几年前为《王葆心集》作序，崇敬并亲近之感油然并生，那篇序文也就绝无八股调，而是对亲密尊长的由衷献辞。

实验中学初三（1）班
毕业六十年祭

一切过去了的都会变成亲切的怀念。

——普希金

"人生天地之间，若白驹之过隙，忽然而已。"诚哉庄周老夫子名言！

吾等从实验中学初中毕业，弹指间竟过去整整一个花甲子，当年的少儿，今天俱为老翁老妇，同窗相见，连唤岁月如梭。然而，虽光华飞逝不可还复，实中初三（1）班群体却给我留下永远的青春回念。

1954年，我从武昌实验小学毕业，考入时称武汉"第一中学堂"的武昌实验中学。那一届实验中学初中只招收两个班，入录颇不易。今日反顾，我们那个班 50 名同学，以来源论，略分三类——

一是应考入录的，大都年龄较小，如杨天钧、李宝襄等，1943 年出生，11 岁入学，1942 年出生、12 岁入学的为数较多，如高宏、方克明、谢高振、邹鄂承、漆文瑾、左乐山、甘家和、朱碧珊、罗治平，我也在其列；罗汉清、刘同平、陈蓝莎、张政修、崔正言、李永国、张代明、赵星舜等约长一岁（1941 年生）；年龄长几岁的有何水清、蔡光华、李季方、胡复兴、徐绪新、刘耆英、刘金秀、曾庆成等几位。应考入录的这批同学，大都敏而好学，聪颖多识，文理兼佳。记得班里定期出黑板报，刊载的文章已经忘却，而其中一个以班上同学姓名为谜底的谜语栏目却令我至今记忆如新，其中一谜面为"风不说坏话"（谜底"崔正言"），又一谜面为"五十年后的黄河"（谜底"何水清"），还有一谜面为"努尔哈赤统一女真部落"（谜底"胡复兴"）。这些谜语不会是从外界借取的，显然为初三（1）班"土特产"，是班上同学（很可能是板报编者高宏）所创制。

二是干部子弟，由八一学校、干部子弟学校分配而来，其父母为党政军干部。这批同学儿时转移各战区，有的寄居农民家，入学较晚，故年龄偏大，如贾荣、王玉英、薛秀、张鹏远、傅振斗、薄卫国、耿芳芳、宋素贞、张延中、侯鸣钟等。他们多淳朴善良，又因有社会历练，工作能力强，班上的主要干部往往由他们担任，如团支书贾荣，一派老大姐气象，对同学们亲切和善。以后我们接触过或听说过某些干部子弟倨傲可厌（现时称"官二代""官三代"现象），但在我们班上的干部子弟中极少看见此类劣风，他们没有那种贵胄纨绔气。还有一事，几年后我才得知：班上的一位高干子弟，其父是湖北教育厅主要负责人，然这位同学初中毕业考高中，落榜未取，补习一年后方考入高中。可见20世纪50年代中期尚少有"走后门"现象，省教育厅厅长的孩子也自觉按规矩办事。抚今追昔，令人感慨系之！

三是华侨同学。20世纪50年代初中期有一个规模不大的海外侨胞归国热潮，一些华侨青少年竞相回新中国读书，我们班先后接纳了六七位华侨同学，如罗文暹、贝金玉等，他们年龄偏大，学业基础相对薄弱，但学习刻苦、生活俭朴，与其他同学相处融洽。

记得学校食堂早餐，偶有桶装面条，平日常吃稀饭馒头的同学们蜂拥而上，一次我帮华侨同学开道，取面条后，挤得满头大汗的华侨同学连拍我肩，用广东普通话笑呼："好辛苦哟！"不知为何，时隔五六十年我对此一细节未曾忘怀。有一位初二插班的来自马来亚的华侨同学吴哲豪给我留下深刻印象。他瘦高个子，年龄约 20 岁，身穿那时少见的皮夹克，平日言语甚少。相熟后，他发现我杂书看得不少，知道马来亚共产党领导的游击队坚持抗日、战后反英的情形，他惊讶于我这个小同学竟有这偏僻知识，便神秘地对我讲，他是马来亚共产党员，在陈平领导的马共游击队担任无线电收发报员，丛林作战有几年之久。少时我读过不少反映中国、俄国、法国革命及战争的文史著作，现在得见一位来自异域、带着硝烟气息的同学，颇能勾起联翩遐思。

初中时的少先队活动颇有精彩之处，我们班的少先队辅导员是高三学生王碧泉，极具亲和力。她在高三时参加全国数学竞赛，获亚军，后来保送进入北京大学物理系。这位辅导员常被我班同学忆及，只是不知其后来的情形。

那时的男同学有的政治早熟，杨天钧、李宝襄和我在初二（1956）、初三（1957）时，十分关注苏共二十大批判斯大林个人崇拜及揭露肃反扩大化问题。我曾在湖北省图书馆举办的讲座听到相关报告，当时紧张得似乎心跳提到嗓子眼上，回校将相关内容告诉个别同学，彼此皆深受震撼。加之苏共二十大以后不久发生的波兰"波兹南事件"，尤其是"匈牙利事件"，使我们长期以来形成的"苏联崇拜"发生动摇。对我们这些十四五岁孩子造成心灵震撼的另一事件是：当时高三（1）班学生陈伯华写了一份"退团申请书"，历数党的农村政策失误，认为取得政权的共产党背叛了农民。校方（当然是受上级指令）将陈伯华的退团书印发各年级，期以开展批判。因我三哥在高三（1）班读书，从他那里获悉更详细的关于陈伯华的消息。不久以后又听说，陈伯华被打成全国中学生里唯一的右派分子。而一辈子沉潜学术的我的父亲，1958 年初也戴上右派帽子。上述事件，使我这个单纯的中学生，思想深处打上若干问号，幼稚的少年时代似乎自此结束。

2017 年夏日撰

高中忆旧 *

从高小开始，我就住在母亲的工作单位湖北省图书馆。那时，除上学外，我整天泡在图书馆阅览室里，竟一直不知与"省图"一箭之隔的华师一附中及其前身工农速成中学。

1957年春天，我正在实验中学念初三下。某个星期天，"省图"的一位子弟把我从阅览室拉出来，说"不要枉对春光"。于是，我们二人先逛"省图"隔街相望的中南财经学院（今中南财经政法大学），觉得校园平平。接着来到一个有四百米跑道的运动场，周边红房绿树环绕，颇为赏心悦目。同行小友告诉我：

---

* 载《光明日报》2008年2月13日，收入《文存》时有所补充。

这是工农速成中学和华师一附中。面对眼前美景，我对自己的耳目闭塞顿觉惭愧：竟然不知身边有这样一所出色的中学，由此，我决定高中转考这所学校。

在 20 世纪 50 年代后期，华师一附中不像实验中学那样有一批名闻三镇的教师，但这里的老师水平整齐，教学认真，学校已开始形成深厚朴实、积极进取的校风。那时的学校没有今天这样沉重的"升学率"压力，教与学双方都较为舒展从容。这大约正是培养人才的健康的生态环境。在华师一附中求学的高中三年里，课内布置的练习，自习时间完成绰绰有余。于是，我便有时间大量阅读中外名著。《水浒》《三国》《红楼梦》《西游记》《镜花缘》以及俄罗斯、法兰西、英吉利诸名作，都是这几年间阅读或重读的。少年时代是记忆与领悟的最佳时期，至今我能鲜明如昨地忆起莎士比亚（1564—1616）笔下李尔王的悲壮、奥赛罗的执着、哈姆雷特的渊思；至于屠格涅夫（1818—1883）描绘的林中狩猎及农奴的悲苦，托尔斯泰（1828—1910）铺陈的俄法战争场景、安德列公爵临终前的独白，陀思妥耶夫斯基（1821—1881）抒写的彼得堡白夜游荡的灵魂，巴尔扎克（1799—1850）精工细描的巴黎上流社会，狄更斯（1812—1870）刻画的阴暗的伦敦下层，也都历历在目。尽管以后很少重读这些大师的作品，但早年从文学名著获得的对中西文化的体悟，颇有益于后来对历史问题的理解，尤其有助于中西比较的展开。如果当年我一味固守在课本之内，其知识结构的褊狭便可想而知。每念及此，对20世纪50年代后期母校的感谢之情便油然而生。

高中时我最着迷于俄罗斯小说，尤其是托尔斯泰，曾通宵达旦地阅读《战争与和平》《复活》。连托翁的一些不大为人知的篇什，我也熟读，如描写高加索山民的《哈泽·穆拉特》（故前几年俄罗斯发生车臣战争，我对其背景比较熟悉，与人交谈时详介高加索的史地及民族状况，听者颇惊讶，以为我近期研究过车臣问题，其实是17岁读托尔斯泰该篇及普希金的《高加索的俘虏》留下的印象）。又如托尔斯泰早期作品《塞瓦斯托波尔故事》，一年前，高中同班同学李国光在回忆文字中谈到，高二时我对他讲述该书涉及克里米亚战争（1854年），故国光兄在2014年俄罗斯占领克里米亚时，想起1959年我对他讲起的160年前发生的那场战争，国光兄真是好记性！他的回忆文使我想起自己少时读托翁撰写的那本少有人知的小说。

高中时特别喜欢雪莱、普希金、莱蒙托夫的诗作，为学校举行的文艺演出撰写多篇自由诗，声音浑厚的李国光登台朗诵。前两年国光兄在回忆文中言及其事。我阅文，恍然记起：早已散文化的我居然还有过诗的少年时代！这当然要感谢"冬天来了，春天还会远吗"的作者雪莱们的陶冶。我对文学和历史双双发生兴趣，也许正是开端于高中时的此类阅读。如果当年困于考试和分数，这一切皆无可能。

华师一附中老师一般都不太硬抠教条，不强令学生按"标准答案"死记硬背。高中时我的语文课和历史课学习从不在背诵条条款款上下功夫，考试答卷每有自己的发挥。而语文老师李基姚、陈端等先生，以及教过我的历史老师总是给予高分，而且多次把它们作为范本在班上宣讲。我的作文，喜欢自由命题，有感而发，李基姚老师、陈端老师不仅从未指责，而且一再揄扬。这些对我当然是一种鼓励。试想：如果当年老师们全然按"机械化"方式引导学生死背标准答案，以应付考试，我可能成为另一类人，不太可能走上富于创造性思维的学术研究之路。这是我尤其要感谢母校、感谢母校老师的所在。当然，在升学率压力强劲的今日，母校的教风、学风是怎样的情形，不得而知。我一方面为母校近20年来屡列全省高考录取率前茅而高兴，另一方面又为"应试教育"所带来的负面效应而担忧。

华师一附中不仅是一所学业成绩优异的学校，而且体育水平颇高，曾一再夺得全市田径运动会冠军，而且有几位同学进入国家田径队，据说1960年前后国家4×100米接力赛中有一两位运动员出自华师一附中。我的身体较弱，居然参加了舢板队，每周两次到东湖训练，旁边划行的船只，往往是省队乃至国家水上运动队的单人、双人、多人舢板。那种经历，使人体味到运动的力与美。我自己因体力所限，不擅长任何一项运动，但高中时却是校内及校际间运动会的通讯报道员，故对球类和田径皆发生兴趣。班上同学周用柱是中长跑好手，我多次为他写报道，并一起热议体育运动，由此成为要好的朋友，毕业后多年保持来往。约十年前，周用柱因病辞世，临终前对夫人一再说"我最想见见天瑜"。遗憾的是，其时我在国外讲学，与老友诀别未果。至今，垂垂老矣的我，仍是田径运动及足球的热情观众，其渊源皆来自高中生活，来自高大的英俊少年周用柱。

高中生活当然并非一片明媚春光，阴霾笼罩的时日也难以忘怀。1958年春天（念高一下时），父亲被戴上右派帽子，记得那时每次回家，都听到父亲充满委曲和愤怒的诉说。我无法理解：一生辛勤治学、1949年10月前多次帮助共产党人的父亲，怎么突然成了"反党反社会主义"的"右派"？这种不解只能埋藏在心里，在学校不能与人道之，于是我变得沉默寡言，全身心扑在文学名著的阅读上。记得那时读肖洛霍夫的《静静的顿河》，深为十月革命后错综复杂、充满血腥的历史场景所震撼，与当时教科书上所赞颂的十月革命大有差别。而《静静的顿河》一类作品使我隐约认识到历史进程的复杂性，从而对父亲的遭遇略有理解。

高中最后阶段发生的事情给我留下难以磨灭的印象。记得高三下学期要填写家庭情况表（为高考做"政审"准备），我写上——"父亲冯永轩"，政治面貌"右派分子"。这已经决定了我的高考结局，心里明镜似的。表交上去以后，不料被教数学的班主任贾老师叫到数学教研室去，平日和善的贾老师相当严肃地说："冯天瑜，你家里还有问题没有写进表里。"我说："除了父亲是右派，我家没有别的问题。"贾老师说："你有一个哥哥冯天璋是'反革命'。"我说："三哥在天津大学水利系读书，还是共青团员，怎么是'反革命'呢？"贾老师操着江西口音斩钉截铁地说："'上边'正式通知学校，'现行反革命'冯天璋，最近已被逮捕。"我想起，三哥确有三四个月没有给家里来信，但家里尚不知出了这么严重的问题，而"上边"却把信息通告我这个中学生弟弟的所在单位，当时真有点毛骨悚然。两年后才获悉三哥出事的原委：三哥与几位天津大学、南开大学（两校紧邻）同学经常一起晚饭后散步，闲谈中对"反右""反右倾"多有批评，同行的一位女同学喜记日记，把大家聊天内容详载其中。这位女生正与一个华侨同学谈恋爱，而"上边"怀疑那个华侨是外国派遣特务，于是突查其女友，抄到日记，但其中全无男友"特务"证据，却发现冯天璋等人批评"反右""反右倾"的大量言论，于是意外抓到一个"天津大学—南开大学学生反革命集团"。

我深为正直的三哥的遭遇担忧。1963 年（我读大三），三哥已摘除"反革命"帽子，留劳教农场劳动，暑假期间我去天津小站农场（清末袁世凯"小站练兵"地）探望三哥，与来自北京、天津各名牌大学的"劳动教养"学生一起生活十多天（白天下田做水稻田间管理，晚上天南海北纵谈——当然不直议政治），深感这是一群何等聪慧、何等有思想的兄长！有些人自此与我成了相交多年的朋友。

18 岁的我，面临的局面不妙：父亲是右派，加上三哥又成了"反革命"，因而全然无意高考，准备放弃，在老师同学劝导下，勉强乱填高考志愿表（近年获知，当时高考录取基本上与学业、品行无关，考生分为四类：政治条件最好的入名牌大学，可进保密专业；次等的可入一般大学；三等为"五类分子"子弟，只能入较差学校，右派之子的我，当属此类；四等为杀关管人员及在港台任职人员子弟，不予录取）。之后两三个月，班上同学"擂功课"、紧张备考，我则继续躲在湖北省图书馆读托尔斯泰的《复活》、狄更斯的《双城记》……精神有所解脱：世界何其开阔，高考得失何足道哉。

少年时代的生活细节大多遗忘，但高中期间在特定的氛围中阅览文学名著的情景，还历历在目，鲜明如昨。

三年高中生活五味杂陈，那逝去的一切，皆成隽永的怀念。健在的国光兄、为炎兄，早逝的用柱兄、李老师、陈老师、贾老师，我想念你们。

大学的天职 *

大学肩负着多方面的社会使命——通过教学工作传播知识；通过科学研究提高现有知识水平；以人才和知识两方面优势向社会提供专家服务，充作公民及政府的智囊，或曰思想库。然而，在这些诸多任务中，大学最重要、最基本的职能是培养人才——培养德操高尚、体魄强健、站在现代文化科学前沿的人才。

在科学技术得到长足进展的 20 世纪，尤其是第二次世界大战后的半个世纪间，人们对于科学技术的巨大威力有了深刻认识，对于大学教育应当追踪并且

* 该文为作者 1995 年 11 月在香港浸会大学"大学在国家及地区发展中角色转换"国际会议上的发言。

带动科学技术发展，也有了愈益真切的体验和日渐丰富的实践。昨天及今天诸位教授的发言，对此都有精彩的阐述。但是，科学技术的伟力固然能够给人类创造财富，而从人文及社会角度审视，科学技术却是"价值中立"的。这首先表现在，科学技术既可以给人类带来幸福，也可以给人类带来灾难，原子能的掌握可以发电、医疗，也可以毁灭我们赖以生存的唯一星球；其次，科学技术可以提供工具理性，却并不能解决政治理念、伦理规范、审美情趣和终极关怀等层面的问题，而现代人类所面临的诸多困扰，往往恰恰发生在这些层面。因此，科学技术固然十分重要，但科学技术绝非万能，它不可能是包治百病的灵丹妙药。大学教育当然要高度重视科学技术的教学与研究，却又不能走入唯科学主义的偏颇之中。

在当代，科技文化与人文文化这两种文化的分离，以及科学文化压倒、淹没人文文化，是人类正在患着的一种"现代病"。它使人们长于工具理性，精神上却无所皈依，在滚滚红尘中泯灭了灵性，以致正义感、使命感、公德心、自尊心低落，成为物质上的富人和精神上的贫儿。这样的畸形发展，不是人类前进的正途。有鉴于此，大学教育应当实现科技文化与人文文化的统一，责无旁贷地为克服这一现代病做出自己的贡献。因为，大学既是科学的殿堂，也是人们精神的家园，它有义务，也有能力调节社会的失衡。例如，武汉大学近些年来，在包括理科在内的各院系开设人文学科课程，举行人文学科及社会科学系列讲座，不仅吸引了文科学生，理科学生也兴趣浓厚。今年我在校内开设的中国文化史方面的课程，内容较为专深，然选修者多达200多人，其中理科学生约占一半，而且往往在理科学生中引发出一些关于人文问题的精辟见解。

引导学生德业双修，把掌握专业知识和树立高尚的人格及操守有机结合起来，这在今天具有特别重要的意义。因为，追逐利益是今之社会大趋势，这种趋势是一柄双刃剑，从正面言之，它是推动社会进步的动力；从负面言之，它又可能使人性异化。对此负面效应，必须抑制，这就需要"见利思义"之类的道德示范，需要向人们提供超越物欲所必需的精神资源。大学应当肩负起其间的一部分责任。

中国唐代文豪韩愈认为教师的职守是"传道、受业、解惑"三者的统一，明清之际的思想家黄宗羲在《明夷待访录》的《学校》篇中提出"公是非于学校"的设想，主张学校不仅是知识传授之所，还应当是社会良心的判定之处。我们的先哲曾经赋予教师和学校这样高尚的职责，作为后辈的我们自然不能降格以求，把学校变成单纯的知识技能讲解地，而必须通过培养情操高尚、知识专精的人才来为社会树立健全的价值取向。为此，大学既要与社会实现双向互动联系，不断获得生活实践提供的源头活水，同时，大学更要保持宁静致远、升华精神的校园风范。宋代思想家、教育家胡瑗说得好："致天下之治者在人才，成天下之才者在教化，教化之所本者在学校。"面对物质文明一日千里发展的新时代，大学必须追随这个新时代，同时又有义务通过发挥"教化"功能来引导这个新时代。大学可谓任重而道远！

第二部分

"学术服务人类"与"为学问而学问"*

论及治学、为文，一向有两类看似截然对立的箴言，其一是"学术服务人类"，其二是"为学问而学问"。中外哲人持前论者甚多，如明清之际顾炎武在《日知录·文须有益于天下》中说：

> 文之不可绝于天地间者，曰明道也，纪政事也，察民隐也，乐道人之善也。若此者，有益于天下，有益于将来，多一篇，多一篇之益矣。若夫怪力乱神之事，无稽之言，剿袭之说，谀佞之文，若此者，有损于己，无益于人，多一篇，多一篇之损矣。

---

* 原载《光明日报》1999 年 5 月 7 日。

青年马克思在谈及自己的学术志向时也指出：

> 有幸从事科学研究的人，应当将自己的研究
> 为人类服务。

与这种学术必须服务人类的说法相异趣，亚里士多德的《形而上学》另有名论：

> 人们是由于诧异才开始研究哲学，过去是这
> 样，现在也是这样。……既然人们研究哲学是为
> 了摆脱无知，那就很明显，人们追求智慧是为了
> 求知，并不是为了实用。这一点有事实为证。因
> 为只是在生活福利所必需的东西有了保证的时
> 候，人们才开始寻求这类知识。

中国近代学者梁启超将此论直称"为学问而学问"。他在《清代学术概论》中推崇乾嘉学人的治学精神时赞誉道：

> 对于先辈之"学者的人格"，可以生一种观
> 感。所谓"学者的人格"者，为学问而学问，断
> 不以学问供学问以外之手段。故其性耿介，其志
> 专一。虽若不周于世用，然每一时代文化之进

展，必赖有此等人。

"学术服务人类"与"为学问而学问"当然是两种意趣大相径庭的论断，以往我们往往只看到二者间的差异与对立，认为彼此间水火不相容。其实，这两种论断都包含着丰富的内涵，各自道出了相当深刻的真理，如果取其合理内核，可以并用而不悖。

认真分析起来，上述两论的差异性主要来源于视角的不同——前者讲的是学术的社会目的论，后者虽然也涉及治学目的，但重点讲的是学者治学时应持的心态：当学问作为一种研究对象（客体）时，作为主体的学者应当充分尊重研究对象自身的规律，因为作为客体的研究对象并不会因为学者的主观好恶和需要而随之改变性状。在这一意义上，人们在从事学术研究时，必须虚置主观好恶和需求，忠实地还原研究对象的本来面目，"用此种研究法以治学，能使吾辈心细，读书得间；能使吾辈忠实，不欺饰；能使吾辈独立，不雷同；能使吾辈虚受，不敢执一自是"[1]。只有以这种不受主观需求干扰的客观态度研究学问，方有可

1　梁启超：《清代学术概论》，江苏文艺出版社 2007 年版。

能登堂入室，求得真知，此种真学问才真正"有益于天下""服务于人类"。

鉴于"学术服务人类"论受到普遍肯定，尤其是在盛行"实用理性"的中国，服膺此论者一向占优势，至于"为学问而学问"论则长期遭受责难，故我们更应认真剥取其合理内核，光大其深藏的科学精神。而只有当"学术服务人类"这一学术目的论与"为学问而学问"的治学心态达成良性互动，我们治学时方能形成"坚忍之志，永久之注意"，如此，"若夫绵密之科学，深邃之哲学，伟大之文学"[1]，方有可能得以成就。

---

1 王国维：《教育小言十则》。

义理、考据、辞章
——修学三门径 *

诸位青年老师:

在座的青年朋友走上大学教学、科研岗位, 即将跨入学术殿堂, 在下作为一个老教师, 特三致贺忱, 并寄语诸君:

> 以修习学问为志
>
> 以修习学问为乐

以下结合自己的体悟, 参酌先哲的说论, 略议修学门径, 卑之无甚高论, 聊供参考。

---

* 在武汉大学 2009 年青年教师上岗培训班上的讲话。

谈及"修习学问",清代桐城派代表作家姚鼐会通汉学、宋学的名论值得玩味:

> 余尝论学问之事,有三端焉,曰:义理也,考证也,文章也。是三者,苟善用之,则皆足以相济;苟不善用之,则或至于相害。(《述庵文钞序》)

姚氏所说"义理、考证、文章",或称"义理、考据、辞章"均各有特指——

"义理"原指儒学修齐治平功夫,通过诠释经典,修行践履,达到意义人生的高远目标。从治学而言,"义理之学"讲究的是理论思维能力的训练与运用。

"考据"指通过实证性研究(校勘、释义、定量分析),搜集材料、辨析材料,去粗取精、去伪存真。"考据之学"讲究的是占有并辨析材料能力的训练。

"辞章"指作文立言功夫。"辞章之学"讲究的是表达能力的训练,作文何以做到"信、达、雅"。

姚鼐"学问三端"说,可从两个层面诠释。

(1)"义理、考据、辞章"指三门学问。于此,前哲早有论述,宋代理学家程颐指出:

古之学者一，今之学者三，异端不与焉。一曰文章之学，二曰训诂之学，三曰儒者之学。(《近思录》卷二)

小程子所谓的"文章之学"即辞章学，"训诂之学"即考据学，"儒者之学"即义理学。程颐作为理学的代表人物，强调"儒者之学"，即"道学""义理学"，认为文章与训诂都是为"趋道"服务的，皆综会于"儒者之学"。

至考据学大盛的清代乾嘉间，兼精义理与考据的戴震进而归纳：

古今学问之途，其大致有三：或事于理义，或事于制数，或事于文章。(《与方希原书》，《戴震集》卷九)

"义理、考据、辞章"三学并列，昭示了中国传统的学术分科理路——"义理之学"约为中国哲学原型，"考据之学"（又称训诂之学、制数之学）约为中国史学原型，"辞章之学"约为中国文学原型。

（2）"义理、考据、辞章"指普遍性的治学涉及的三方面能力，一切研习学问的人都应努力具备。

姚鼐之言的警辟处在于，阐发了"义理—考据—辞章"三者"相分"而又"相济"的道理，指出三者固然分野，但不可彼此排斥，三者当并行不悖、互动共济，这是中国传统的主流学术理念和作文准则。就一个学术工作者的知识和能力准备而言，"义理—考据—辞章"三者"相济"论也是极富启示性的，置之现代语境，似可这样表述：

　　一个以学问为事业的人，应当有理论修养，得以攀登时代的思想高峰，对错综复杂、隐而未彰的研究对象获得理性真解和创造性诠释；

　　应当有广博的知识积累，占有丰富的材料，所谓"前言往行无不识也，天文地理无不察也，人事之纪无不达也"（《隋书·经籍志》），更须具备辨析材料的能力，如"老吏断狱"，去伪存真，由表及里，透过纷繁表象直逼真相；

　　应当锤炼语言，长于辞章，有一种"两句三年得，一吟双泪流"（贾岛《题诗后》）的追求。

"义理、考据、辞章"三学，考据贡献并审定材料，辞章提供方法和表述，义理整合内容并探究形上之道，三位一体，相辅相成。三者合则互美，分则相害。

以下我们先分述"义理""考据""辞章"，再合论三者应当"相济"而不可"相害"。

甲、义理

义理指普遍皆宜的道理或讲求经义、探求名理的学问，约指"理论思维"。

西哲有言：

> 理论思维仅仅是一种天赋的能力。这种能力必须加以发展和锻炼，除了学习以往的哲学，直到现在还没有别的手段。（恩格斯《自然辩证法》）

"义理"能力的提升，必须经由对前贤的哲理杰作的攻读、体悟。从先秦诸子、希腊群哲，到现代各思想流派的代表作均应有选择地涉猎。以《庄子》为例，多由寓言故事昭显哲理，其《天下篇》记述惠施的言说"一尺之棰，日取其半，万世不竭"，道出了空间无限可分和时间无限可分的观点。《秋水》中的庄子与惠子濠梁观鱼，就人可否"知鱼之乐"展开辩论，提出人除自知之外，能否感悟其他事物的问题，这是认识论中的一个大题目。此外，《庄子》中"庄生梦蝶""蝶梦庄生"的遐想，直逼认识主体与客体的互动问题；"庖丁解牛"以屠夫宰牛比喻从实践中掌握客观规律，做事便得心应手、迎刃而解。以上诸篇，给人哲理启示良多。

史学工作者还尤其需要钻研历史哲学论著。我较用力于王夫之的《读通鉴论》和黑格尔的《历史哲学》二书，在史学理论与方法上从中获益匪浅。王夫之论及秦始皇废封建、置郡县的功过得失，提出"天假其私以行其大公"的论断，颇类似黑格尔"最大的'罪孽'，反而最有益于人类"的警句，揭示了主观动机与客观效果相矛盾的现象背后，有着不以人的意志为转移的支配力量起作用，黑格尔归之于"绝对精神"，王夫之归之于"势""理""天"。

除阅览、思索外，当然还要实践，接触每一研究论题，都自觉地树立一种理论追求，在考察先辈对此论题已有的思辨成就基础上，试图求得深入一层的真解。我在撰著《中华文化史》和《中华元典精神》过程中，便从总体框架到具体论点、论证上，做若干探讨尝试。如《中华文化史》就中国文化得以发生发展的生态环境，做全景式把握，从地理环境、经济土壤、社会结构三层面的分析与综合着手，剖析中华文化的生成机制，试图运用系统论的方法诠释中国文化诸特质，并对跳跃式的西方文化历程与连续性的中国文化历程做出比较。《中华元典精神》则力求超越直线进化观和历史退化观等传统的两极认识，以否定之否定的螺旋发展论解析文化史的辩证历程，透视今对古在"复归"外貌下所包蕴的历史性跃进。这些努力当然只是初步的，但我愿意追踪先哲和时贤，继续锐意精进。

乙、考据

"考据"，指研究问题时，详尽占有相关材料，并对材料进行辨析、考核，以资证实和说明论题。

做任何一门学问（无论是自然科学还是人文科学及社会科学），第一位的任务就是占有事实材料。苏联生理学家巴甫洛夫说，事实材料好比空气，研究者好比飞鸟，鸟翅只有振动空气才能高飞。事实材料是学术研究的出发点，对事实材料精密辨析方有可能获得科学结论。

梁启超在《清代学术概论》中归纳乾嘉考据学的特色：其治学之根本方法，在"实事求是""无证不信"。这是对考据学颇为精要的概括。

考据对历史研究的基础作用，可以"光绪死因"一题为例加以说明。关于光绪皇帝之死，自其1908年亡故以来的百年间一直聚讼未决，大约经历了三个阶段：①清末盛传光绪被慈禧害死，此说主要源出有二：一为清廷人士（如外务部右侍郎伍廷芳、光绪的陪侍及起居注官恽毓鼎、末代皇帝溥仪等）根据慈禧与光绪的关系做出的判断，二为戊戌政变后流亡海外的康有为等人的推断和展开的宣传。20世纪80年代以前，社会舆论和史学界多信从此说。②1980年以后，随着清宫档案发掘整理工作的展开，尤其是光绪生前脉案、药方的发现，获知光绪一生体弱、百病丛生，1908年夏秋之交已病入膏肓，系因病死亡，非他人谋杀。据此，光绪正常死亡，在1990年前后十余年间几成定论。③21世纪初，"清光绪帝死因"专题研究课题组，用精密仪器对光绪的头发、遗骨、衣服及墓内外环境进行检验、分析，发现光绪死时体内含砷量高于正常值 80~90 倍，而砷是毒药砒霜的主要成分。由于此一事实的发现，光绪系中毒死亡，确凿无疑。此外，又通过大量文献材料的比照，发现有关光绪的所谓"脉案"（病历），并非光绪本人对御医的陈述，而是慈禧或太监代光绪向御医介绍的"病情"。慈禧唯恐自己先死，光绪复出掌权，遂在全国求医，制造光绪病入膏肓的舆论。故以往认作可靠材料的光绪"脉案"（病历），也应重新看待。可见，经考据获得的实证，是做出"光绪死因"判断的基本依据。

搜集事实材料是第一步，下一步的工作是辨析材料。陈垣分考据方法为三：理证（根据逻辑推理判断正误），书证（以本书和他书为据，考证正误），物证（以出土龟甲、金石、器物，考证史料正误）。记得少时常听父亲议及清人考据繁密，言必有据，如法官审案，孤证不决，务求旁证、反证；母子证（从同一源头发展来的一连串证据）不及兄弟证（来源于并列的若干证据）有价值；等等。成年后接触乾嘉学者的论著，从事研究工作以来更时常翻检这类书籍，钦佩乾嘉学者的渊博和谨严。对一切以学术为目标的人来说，都有占领材料，进而对材料去伪存真、去粗取精的必要。作"以论代史"的空议固然无益于世，拿到史料便用，也有可能害人误己。总之，辨析材料绝非考据家的专利，而是全体学者的必修功课，对于史学工作者而言，既以"实录"为治史目标，也就格外需要相当的考据功力。

20 世纪 80 年代初，写作《辛亥武昌首义史》，我便着意于考析武昌首义前后一系列似乎已有定论的微观问题，逐一爬梳，参校材料，提出有别习惯说法的新结论：湖北第一个革命团体是吴禄贞主持的花园山聚会，科学补习所只是承其绪的组织；《大江报》时评《大乱者，救中国之妙药也》作者并非詹大悲，而为黄季刚；汉口宝善里机关失事为 10 月 9 日，并非 10 月 8 日；首义第一枪由程正瀛打响，并非熊秉坤；10 月 10 日首先举义的是城外辎重队马棚纵火，城内工程营放枪在后；早在 1911 年 4 至 6 月间，革命党人已有举黎元洪为都督之议，黎于首义后被推举，并非纯属偶然。台湾东吴大学缪寄虎教授读毕拙著后，曾撰文称赞这些新论的"搜材之博、考证之详、文笔之细"，并以为，"今日台湾普遍漠视历史教育只知道有电脑之际，冯教授的考证文章也许可以刺激一下中国人恢复其大脑的使用功能"。寄虎先生这"恢复大脑功能"之说，颇具启示性——占有丰富的材料，加以认真辨析，既是"考证"，同时思辨也在其间，而且是扎实、有的放矢的思辨。故而，考证是义理的基础。

丙、辞章

辞章之学不仅指文章辞藻，更指文章论证框架的建构、思路和方法的选择，写作风格与研究对象的适配等。

对于"辞章"，中国有两种极端之论，扬雄以为是"雕虫小技"，"壮夫不为"；曹丕则认定是"经国之大业，不朽之盛事"。平心而论，作为表达思想的手段，辞章重要，自不待言。中国又有"文史不分家"的传统，故追求辞章之美，非唯文学家，史学家、哲学家孜孜于此者也不在少数。司马迁便不仅以史学家名世，又以文学家著称，《史记》有"史家之绝唱，无韵之《离骚》"的美誉；现代一些卓越史学家，其史著也都文采斐然，读来令人神往。中国最渊深的哲学著作《老子》又是玄妙的哲理诗，《庄子》更"汪洋辟阖，仪态万方"，是辞章极品。我甚钦仰前辈史家、哲人的文质彬彬，不满新旧八股的呆板乏味，虽自叹才情欠缺，却心慕手追，力图文章有所长进，述事纪实，务求清顺流畅，娓娓道来；辩驳说理，则讲究逻辑层次，条分缕析。无论哪类文字，都切忌板起脸孔，而应以理服人，以情动人，寓庄于谐。文章不写空话、套话，不做无病呻吟。我以为，就文章而言，史学不同于哲学，较近于文学。除史论以外的历史著作，哲理最好深蕴于述事背后，主题更应贮藏于事实展现和形象描绘之中。《史记》的深意主要不是靠"太史公曰"陈述，《资治通鉴》历史哲学精华也不在"臣光曰"的直白，而寄寓在历史过程的生动叙述之中。这便是古语所谓"载之空言，不如见之于行事之深切著明也"。当然，那种画龙点睛式的议论和哲理性评断，也是令篇章增辉的"文眼"。

丁、"义理、考据、辞章"三者"相济"而不可"相害"

"义理、考据、辞章"不仅各具独立价值，而且，理论指导、材料辨析、文字表达三个方面能力缺一不可，此三者间的关系应当"相济"而不得"相害"。

以史学而论，忽视史料的占有与辨析，其义理不过是空中楼阁，是无源之水、无本之木；同样，没有理论思维，所占有的史实也只是一堆原材料，无以建构伟岸的大厦，诚如刘知幾所说：

> 夫史之有例犹国之有法，国无法则上下靡定，史无例则是非莫准。(《史通·序例》)

这里的"例"，便是指治史的理论与方法。此外，有义理与考证功力，如果文章苍白乏味，也难以成就良史，正所谓"言而无文，行之不远"；反之，擅长文章表达，却缺乏义理与考证功夫，则不过是花拳绣腿，上不得真阵式，而且还会以文坏史，古来忌文人修史、文人修志，即是防范这种情形。

为学术工作者说一句"豪言壮语"吧——

天将降大任于治学者，必先精思义理，苦心考据，擅长辞章，并致力于三者间的"相济"，于宏大处着眼，从精微处着力，方有可能造就"表征盛衰，殷鉴兴废"的学术成果。我辈不敏，却应当终生莫懈、不倦无悔地朝着这一方向努力！

小议"学派"

　　清代的一个历时悠久、影响甚大的文学派别——桐城派，对"学问三端"——义理、考据、辞章有较通透的阐释，我们常加引用。由桐城派，我联想起学派问题。

　　"学派"约指由学说师承而形成的派别，皆有其宗师，在研究内容和研究方法上有其特色，并世代传承，学派性得以弘扬。桐城派是以安徽桐城命名的散文派别，其创始人及重要成员戴名世、方苞、刘大櫆、姚鼐等，多是桐城人，其"学承程朱，文追韩欧"的旨趣一以贯之，后继者湖南湘乡人曾国藩以"桐城古文"称呼此一流派，自此沿用"桐城派"之名。

以文化地理分野及学术宗师命名学派，是宋以后形成的一个传统（宋代有"濂溪学""洛学""关学""闽学"等学派名号，分别指周敦颐、二程、张载、朱熹为代表的理学派别）。到明末清初，黄宗羲的学术史名著《明儒学案》，撰述明代各学派专案，多以创始人、主将生活地区名之（诸如"河东学案""姚江学案""浙中学案""泰州学案"等），论述各学派的人文地理背景、师承关系。人们每以"姚江学派"称王阳明及其传人，以"泰州学派"称王艮、何心隐、李贽等有市民"异端"倾向的学者。这是一个以学术生态、学术个性及演绎脉络为视角的划分学派的方法，颇有可取之处。

学术繁荣，有赖学派的建立和学派间的互动。人所熟知的战国诸子，各立派别，竞相争鸣，并师徒授受，道术发祥之、光大之，成就了儒、道、墨、法等各家学说，中国古典学术达一高峰，铸造了滋养百世的文化元典。再如宋明两代，理学诸派以书院为基地，培植自派学术个性，并与别派辩难（如朱熹—陆九渊"鹅湖之会"、朱熹—张栻"岳麓之辩"），使学派性得以伸张，从而带动学术的纵深发展。至今我们还受惠于先秦诸子、宋明各家的学派特色之赐。

西方也是这样的，且不论古希腊群哲各立学派（"柏拉图学园"、亚里士多德讲学的"吕克昂学园"为著名者），彼此辩论（"辩证法"由此得名），奠定轴心文明；以现代而论，法兰克福学派对西方哲学的推动，年鉴学派对历史学、社会学的策励，芝加哥学派、剑桥学派对经济学的开拓，都堪称巨献，而罗马俱乐部有关生态文明的倡导，诸国热议，在理论与实践两层面均产生世界性影响。总之，学派树立，众峦高耸，方成就学术群峰的壮美，这是古今中外历史所一再演绎的事实。

近大半个世纪以来，我国学术取得许多成就，但也存在缺陷，其中之一，就是学派或被淹没，或无以成长，有碍学术继承与学术个性张大，这是一个很深切的教训。以武汉大学文学院为例，20世纪50—60年代，有"五老八中"等卓然特立的学者，如"五老"之一的刘永济先生、"八中"之一的程千帆先生，都有建立学派的气象，但在当时条件下，未能形成古典文学研究的珞珈学派。又如我们历史学院，大家景仰的唐长孺先生、吴于廑先生，都有形成学派的大器局，他们也带出不少弟子，现在还活跃在历史学院以及其他院校、研究单位，但囿于历史条件，也没有形成得到充分发育的历史学珞珈学派。这是我们今天应当认真反思的问题。

"看家书"

一些古今贤哲开导我们：读书应兼及"泛览"与"精读"，前者扩展对世界认知的广度，后者拓殖其深度。几十年来，余大体承此教诲，一面广览文史哲中外名著，颇有五柳先生"好读书不求甚解，每有会意便欣然忘食"之慨，一面又精读几种文化元典，然用力欠深，所收精读之功有限。

大约在 20 世纪 90 年代初，香港举行一次有人文社会科学诸学科学者参加的大型国际学术会议。参会者所住宾馆面临维多利亚海港。北京大学哲学系张世英教授住房与我相邻。早在 80 年代，黑格尔研究大家张世英先生文旌南指，传道桑梓，创办湖北大学德国哲学研究所及《德国哲学》刊物，一时，研究西哲的中年才俊（陈家琪、张志扬、鲁萌等）云集湖大，此皆张先生之感召，也是 80 年代宽松学术环境所致。吾非西哲中人，然在与张先生接触中发现，他于中国文化有精到思考，张先生曾明确表示，他不赞成所敬重的黑格尔对中国文化的蔑视态度。80 年代中后期张先生傍晚每每约我散步（或我去宅间迎他），两人于沙湖之滨、夕照波粼间纵议古今，不亦乐乎！间隔两三年后，这次得以重逢香江，获相谈之雅。会间几日，我们于傍晚踱步维多利亚公园，有一次谈话内容记忆犹新。我们的对话略为——

（冯）请问张先生读书经验。

（张）毫不犹豫地说：一个有专业方向的读书人必须有"看家书"。

（冯）何谓"看家书"？

（张）看家书者，终身诵读之书也，安身立命之书也！

（冯）先生的看家书有哪几种？

（张）黑格尔的《大逻辑》与《小逻辑》。我自读大学哲学系，即精读这两部西哲经典。以后几十年，仍反复阅览不辍，并试作解析。时下我年逾古稀，还时时翻阅两书，总有新收获。

话谈到这里，张先生问：

冯先生亦有"看家书"乎？

我沉吟片刻，答曰：

20岁前后两三年间（1962—1964），先父为我讲授《论》《孟》《史记》，使我对文史古典生出兴趣，然以后未能坚持精读，故算不得自己的"看家书"。1978年以后进入中国文化史研究行列，从构建文化学体系和中国文化史统系的需要出发，广览中外文化哲学及文化史论著，有三部书逐渐突现出来，一为王夫之的《读通鉴论》，二为黄宗羲的《明夷待访录》，三为黑格尔的《历史哲学》。如果我有"看家书"，上列三种庶几近之。

张先生对我的说法表示首肯。

三十余年来我反复研读三书，既"观其大略"，获得关于文化学的理论架构（包括对《历史哲学》欧洲中心主义的扬弃），又采取苏东坡多遍读经典，每遍攻克一主题之法，也曾仿效欧阳修"计字日诵"法，但自己没有背诵童子功，成效不著，但毕竟熟悉了这几部经典之精义。

与张世英先生的香江对谈时间不长，然张先生的"看家书"说对我教益深切。今年是张先生95岁华诞，我困于病体，未能赴京致贺，但两人鸿瀚交呈，其间又提及20多年前在香港的"看家书"之议，以为此乃吾辈读书人不可轻忽的一法。张先生还特意书写条幅"腹有诗书气自华"赠我，此情永志不忘！

"预流"与"不入流"*

　　美籍华裔学者、香港中文大学前校长高锟获得诺贝尔物理学奖，在学界又一次引起议论：海外华裔学者，自20世纪50年代杨振宁、李政道以下，已有多人获得诺贝尔奖，而庞大的中国本土却至今无人入围，原因安在？若论聪明才智、勤奋努力，不能说国内学人不及海外学人，于是便向客观环境、研究条件追讨原因，这当然是应予深究的一大方面，但也需要从科学研究本身求索缘故，这便引出学术的"预流"问题。自然科学我难赞一词，以人文社会科学为入

---

* 本文作于2009年，尚在莫言2012年获诺贝尔文学奖、屠呦呦2015年获诺贝尔生理学或医学奖之前。

口，或许可以略窥里奥。

"预流"本为佛学用语，指修行之初果。"初果"为佛教用语"果位"（修佛所达到的境界）的初级阶段。小乘佛教共有四个果位，分别是阿罗汉、阿那含、斯陀含和须陀洹。大乘佛教共有三个果位，分别是阿罗汉、菩萨和佛。"初果"指阿罗汉（初级果位），"预流"指跨入佛境，成为罗汉。陈寅恪将"预流"引申到为学之道：预流者，升堂入室、汇入学术潮流之谓也。

做学问何以升堂入室呢？陈寅恪在《陈垣〈敦煌劫余录〉序》中说：

> 一时代之学术，必有其新材料与新问题。取用此材料，以研求问题，则为此时代学术之新潮流。治学之士，得预于此潮流者，谓之预流，其未得预者，谓之未入流。此古今学术史之通义，非彼闭门造车之徒，所能同喻者也。（《金明馆丛稿二编》，上海古籍出版社 1980 年版，第 236 页）

这里议及学术研究是否步入前沿的两个关键题旨：新材料与新问题。掌握新材料，用以研讨新问题，方得以参与时代学术潮流，此谓之"预流"。远离新材料，隔膜新问题，便与学术前沿相去甚远，其劳神费力，难免"闭门造车"之讥，从科学研究的创新义言之，则可谓之"不入流"。

20 世纪 30 年代，陈寅恪在《吾国学术之现状及清华之职责》一文中，总结清华大学建校 20 年以来中国学术界的状况，认为在自然科学领域，尚处在译介西学阶段，"凡近年新发明之学理、新出版之图籍，吾国学人能知其概要，举其名目，已复不易"，还没有进入前沿研究。而西洋文学、哲学、艺术、历史等外域学问，与自然科学相似，"苟输入传达，不失其真，即为难能可贵，遑问其有所创获"。社会科学尚无自己的系统调查材料，"则本国政治社会财政经济之情况，非乞灵于外人之调查统计，几无以为研求讨论之资"。教育学不出"仕而优则学，学而优则仕"故辙。本国史学、文学、思想、艺术史等，本属独立研究的领域，却其实不然。陈氏指出：

> 近年中国古代及近代史料发现虽多，而具有统系与不涉傅会之整理，犹待今后之努力。

综观当时中国的自然科学、社会科学、人文学，在新材料的掌握、整理方面，新论题的提出、研究方面，往往处于"不入流"状态。这是近代中国的学术文化落后的表现。

当然，即使在学术文化总体水平落后于世界先进国家的民国年间，也有若干学者把握"预流"，在学术前沿锐意精进。就人文学领域言之，如王国维运用二重证据法，破译甲骨文，在古文字、古史研究上直逼前沿；陈垣依据敦煌所出摩尼教经，考证宗教史、中西交通史；陈寅恪据多种西域文字材料，研讨中古以降民族文化之史；冯友兰以"了解之同情"著《中国哲学史》，"取材谨严，持论精确"。以上皆达到国际领先水平。这些成果，当然并未穷尽真理，其具体结论颇有修订空间，然其所昭示的"得预潮流"的治学路径（占有新材料、提出新论题），则具有久远的启示意义。

陈寅恪提出"预流"说，至今已大半个世纪，此间中国学术多有进展，然检视其成就，皆不出"预流"之境。诸如——

甲骨文研究之于殷周史研究

敦煌吐鲁番文书研究之于魏晋南北朝隋唐史研究

明清大内档案之于明清史研究

满铁调查报告之于民国社会史研究

等等皆因"新材料"的开掘与"新论题"的提出，而使文史研究"得预潮流"，取得国际水平的新进展。

以近年而论，人文学领域"得预潮流"可略举三例。

其一，在古史及思想史研究领域，因楚地简帛文字的大量发现与破译，国内外史哲工作者因为占有先秦及秦汉间社会实际流行的文献原态，从而使得先秦史、秦汉史及先秦思想史、秦汉思想史研究一展新生面，人称"重新改写先秦及秦汉思想史"。

其二，在概念史研究领域，国内外文史哲研究者广为占有、系统整理清末民初辞书、教科书、期刊、汉译西书，对上一个世纪之交各学科术语的生成机制（古今演绎与中外对接）展开系统考索，从而将近代中国观念世界的变迁、中西日文化的互动有了深入一步的认识。

其三，译介明末清初入华耶稣会士当年发回欧洲的巨量涉华文献，打开中西文化交流史资料宝库；蒋介石日记、张学良口述史等关键人物文献面世，提供民国史、抗日战争史参考材料；解密苏联涉华文献，提供国际共运史、中共党史研究参考材料；译介出版巨量东亚同文书院中国社会调查报告，为清末、民国社会史研究提供材料……

诸如此类第一手文献的占有，达成"预流"的例子还可列举多种。人文社会科学研究的创新之途正寄寓其间。

一慢　二快　三慢 *

友朋议论作文著书体会，余忽记起王国维"三境界"说。王氏摘取晏殊、柳永、辛弃疾三位宋代词人作品的名句，拟为成事业、做学问进路的三个级次，其文曰：

> 古今之成大事业、大学问者，必经过三种之境界："昨夜西风凋碧树。独上高楼，望尽天涯路。"此第一境也。"衣带渐宽终不悔，为伊消得人憔悴。"此第二境也。"众里寻他千百度，蓦然回首，那人却在灯火阑珊处。"此第三境也。此

---

* 本文为冯天瑜、任放《日本对外侵略的文化渊源》（高等教育出版社 2017 年版）跋语中一段的增补。

等语皆非大词人不能道。然遽以此意解释诸词，恐为晏欧诸公所不许也。[1]

王国维所称之"第一境"，指成事业、做学问者首先要有执着的追求，登高望远，把握全貌，知晓目标与方向；第二境，喻学问的获得须经艰苦的努力，直至人瘦衣宽也不稍悔；第三境，经反复追寻，终于豁然贯通，发明、发现近在眼前。

吾辈凡夫俗子，若沉潜于研习与写作，对此"三境界"也并不陌生。创造性的著述，基础性工作是广为占有相关资料，熟稔学术前史，形成对本课题高屋建瓴的观照，这便是"独上高楼、望尽天涯路"；而深入底里，作种种精密考辨，极费心力，此所谓"衣带渐宽"、人愈"憔悴"。这大约是研习的准备阶段和写作的展开阶段。经过这引人入胜而又十分艰苦的过程，可能突然有所贯通，灵感顿现，久寻未获的目标伸手可触，这便是"蓦然回首，那人却在灯火阑珊处"，写作大大加速，颇有"一日千里"之感。但以

1　王国维：《人间词话》。第一境之词出自晏殊《蝶恋花》；第二境之词出自柳永《蝶恋花》；第三境之词出自辛弃疾《青玉案》。

余之经验，这似得神助的快笔之作，还须沉淀，一定要待以时日，反复锤炼，再次经历"第一境""第二境""第三境"的循环往复。故多年来，笔者的写作习惯是"一慢、二快、三慢"。

（1）材料搜集、题旨锤炼、结构形成，历时较长（一般需数年以上，有的课题的准备工作不下十年）。其间艰苦备尝，既有独上高楼的孤清，四顾云涛的茫然，也有穷搜远绍的劳顿。此一过程急不得、快不得，必须有"板凳坐得十年冷"的精神"熬"下来。这一阶段谓之写作的"一慢"。王氏"三境界"说中的"第一境""第二境"皆包含其中。

（2）材料大定、构思初成之后，即凝神聚气，全力书写，不可拖沓、不可支离，在较紧凑的期间一气呵成，以求得思文贯通，每每创造性的见解、较为精彩的结论由此产生。这一阶段谓之写作的"二快"。王氏"三境界"说中的第三境或可于此间遭逢。

（3）书稿初成，须任其沉淀多时，其间反复锤炼，对诸关键题旨一而再、再而三地经历"三境界"说中的第一境、第二境、第三境。这一阶段谓之写作的"三慢"，约需一年或数年，以收推敲之功。

　　反顾几十年经历，余著《中华文化史》《中华元典精神》《中国文化生成史》《"封建"考论》《辛亥首义史》等书，皆经历"一慢、二快、三慢"过程。以"封建"概念辨析一题为例，早在20世纪80年代初中期，我就对泛化"封建"发生怀疑，1989—1990年定稿《中华文化史》曾就秦汉—明清"封建社会"说提出质疑，此后十余年，围绕"封建"问题广览古今中外典籍，反复比勘、深思，逐步形成关于"封建社会"较系统完整的认识，此为"一慢"。各项准备完成后，2004年以近一年时间完成40万言《"封建"考论》，感到在"封建"问题上豁然开朗，多年混淆不清、求而未得的结论（连同系统论证材料、逻辑程序）都如此简单明晰地呈现眼前，确乎是"众里寻他千百度，蓦然回首，那人却在灯火阑珊处。"此为"二快"。2006年出书后，赞成、批评意见竞相纷呈，促成我继续展开研究，在若干关键问题的研讨上，再次甚至三次历经"第一境"—"第二境"—"第三境"，经四年补充、完善，于2010年出版50万言修订版，此为"三慢"。至今，关于中国、西欧、日本封建社会的研习，对笔者而言是远未终结的功课，王氏"三境界"还会一再经历，写作过程的"一慢、二快、三慢"步骤必将多次重演。

临文必敬　论古必恕

清人章学诚在唐人刘知幾的"史家三长"（史才、史学、史识）之外，还特别增加了"史德"一条，这实在是大有深意的。章氏对此所做的解释是：

> 能具史识者，必知史德。德者何？谓著书者之心术也。[1]

章氏认为，史家仅有才、学、识还不足以成就优秀的史著，他指出：

> 而文史之儒，竞言才学识，而不知辨心术以议史德，乌乎可哉！[2]

1　《文史通义·史德》。
2　《文史通义·史德》。

章氏反对将才、学、识简单理解为辞采、记诵、击断，他认为真正的"良史之才、学、识"还有深层的内涵——史德。他是把著书者的心术之正作为史识的前提看待的。这与刘勰的"文心"说颇相类似："夫文心者，言为文之用心也。"[1]也直逼《周易》"修辞立其诚"之义。以往，人们多从道德论角度阐明章学诚此说的内蕴，这当然是正确的，却又并不完备，因为章氏之说在道德论之外还有知识论的意味在，这一点，参之章氏与"史德"相辉映的"文德"概念便得以显现。章氏在《文史通义·文德》中说：

> 凡为古文辞者，必敬以恕。临文必敬，非修德之谓也。论古必恕，非宽容之谓也。敬非修德之谓也，气摄而不纵，纵必不能中节也。恕非宽容之谓者，能为古人设身而处地也。嗟乎！知德者鲜，知临文之不可无敬恕，则知文德矣。

章氏明言，"临文必敬"不是从道德立论的，而是指的为文应持一种合乎"中节"的态度，所谓"从容中道"；"论古必恕"也不是讲的对古人要特别宽

---

1 《文心雕龙·序志》。

容，特别行恕道，而是指论古为文者必须真切体察古人的时代条件、特定处境，这正是一种卓越的历史主义的论古态度。继章氏之后，近人陈寅恪在《冯友兰〈中国哲学史上册〉审查报告》中发挥此义：

> 对于古人之学说，应具了解之同情，方可下笔。

> 所谓真了解者，必神游冥想，与立说之古人，处于同一境界，而对于其持论所以不得不如是之苦心孤诣，表一种之同情，始能批评其学说之是非得失，而无隔阂肤廓之论。

今之史学界常常出现的或"苛求古人"或"拔高古人"，原因多在未能"为古人设身而处地"，未能"与立说之古人，处于同一境界"。要克服这种反历史的做法，唯一出路是下气力"知古人之世""知古人之身处"，深切体会古人"身之所处，固有荣辱、隐显、屈伸、忧乐之不齐"，然后才能对古人、古事做出公允的评判，这正是孟子"知人论世"说的发挥。

章氏之言当谨记：

> 不知古人之世，不可妄论古人文辞也。知其

世矣，不知古人之身处，亦不可以遽论其文也。[1]
此乃为文、论古的至理之言。

---

1 《文史通义·文德》。

时下清宫戏历史观探略

一、清宫戏热播

近些年来，每凡打开电视机浏览娱乐节目，古装影视剧便扑面而来。《芈月传》《大秦帝国》《大汉天子》《英雄》《大明王朝》演绎历朝君主的文治武功、内斗外拓，可谓五彩缤纷，而清宫戏的数量之巨大，品类之繁多更独占鳌头——从入关前的清太祖努尔哈赤、清太宗皇太极起首，经短寿顺治，密集展开于"盛世"康熙、雍正、乾隆，收尾于悲剧角色光绪、末代皇帝宣统，每位帝王皆有一种或多种数十集长卷电视剧，或以"大片"呈现的电影。清朝十二帝成为二十余年来影视竞拍热门。兹简列要目如次——

（1）《努尔哈赤》《太祖秘史》

（2）写明清鼎革之际崇祯和皇太极的《江山风雨情》《山河恋之美人无泪》

（3）写清世祖顺治的《少年天子》、纵贯顺治前后三朝的《孝庄秘史》

（4）写清圣祖的《康熙王朝》

（5）写清世宗的《雍正王朝》

（6）写清高宗的《乾隆王朝》

（7）写清仁宗的《嘉庆皇帝》

（8）写清宣宗的《道光秘史》

（9）写清文宗的《咸丰王朝》及电影《火烧圆明园》

（10）写清穆宗同治及其母慈禧的《两宫皇太后》《一代妖后》

（11）写慈禧和清德宗的《光绪皇帝》《苍穹之昴》

（12）写宣统的《末代皇帝》(此题材影视剧甚多）

上为清宫"正剧"并不完整的名录。此外还有林林总总的"戏说",诸如《独步天下》《康熙秘史》《康熙微服私访记》《戏说乾隆》《铁齿铜牙纪晓岚》；写公主天真、后妃争宠、太后擅权的"后宫剧"也竞相登场，如《还珠格格》《大清后宫》《如懿传》《延禧攻略》之类，而皇帝妃子间阴谋诡计环环相扣的"宫斗戏"《甄嬛传》尤其吸引观众眼球。

我对"戏说"兴趣不大，但"正剧"中的康熙、雍正、乾隆三部却大体完整地看下来。这首先是因为二月河原作跌宕起伏，故事多趣，令人欲罢不能；二来胡玫等导演手法高超，起承转合，扣人心弦；三来焦晃、陈道明、唐国强、斯琴高娃等一线演员技艺非凡，将皇帝及其后妃臣子演绎得出神入化。以《雍正王朝》为例，人称焦晃乃"康熙转世"，唐国强是"雍正再生"。据说44集《雍正王朝》热播，收视率27%，高踞一时榜首。

我作为观众一员，在欣赏古装戏演艺之际，也为其中知识性错误频出感到遗憾，如有些剧目将帝、后亡故方追赠的谥号或庙号用在人物生前，《康熙王朝》中顺治帝生母博尔济吉特氏（斯琴高娃扮演）一再自称"我孝庄"，剧中人物也反复敬呼这位在世女强人

"孝庄太后";唐代剧称在生的李世民为"太宗皇帝";等等。唐宋剧宣诏皆以"奉天承运,皇帝诏曰"开头,殊不知,此一套语是明初洪武年间方创用的。另外,大臣上朝跪拜皇上,初始于元,明代承袭,清代更演为三跪九叩,百姓见官也须长跪。而一些写前后汉、魏晋、隋唐、两宋诸朝代的剧目,常常出现群臣向皇帝下跪叩头的场景,令人哑然失笑。这些细节描写不仅存在知识性问题,还模糊了中国帝制的专制性逐渐强化、明清达于高峰的历史趋势。

文艺作品需要虚构,不必一一遵照史实,但有些剧目虚构失当,如《康熙王朝》写施琅收复台湾,竟出现这样的情节:据守台湾的郑经(郑成功之子)抗拒清廷收复台湾,施琅率水师抵台时,郑经在海边挥剑自杀,以示决绝。观剧那几天我在校园散步,常有非历史专业的老师询问,历史事实果真如此?吾答:康熙二十二年(1683)施琅水师抵台前,郑经已然病逝,其子郑克塽降清,并接受清廷册封。而此剧情节,将大体和平收复台湾岛(仅在澎湖发生海战)的史实,改成台湾当政者抗拒到底,直至自刎而亡,此种虚构应当说是很不恰当的。老师们闻言,连说电视片"瞎编"。另外，反复播放的《铁齿铜牙纪晓岚》把乾隆时的大学者、《四库全书总目提要》主纂者纪晓岚写成一个滑稽的老顽童，可与皇帝随便打趣、无所不谈，又终生与大贪官和珅作对，纪还是文字狱的非议者。这三点都与史实相悖：其一，乾隆从来把纪晓岚当作文学侍臣，不许纪氏议政，纪偶发政论，即遭乾隆严厉呵斥，君臣关系绝非剧中那么和谐无间；其二，纪氏与和珅是关系不错的朋友，二人并非对头；其三，纪晓岚不仅没有抗议文字狱，而且是文字狱的推助者，曾拟定四库全书禁毁书目。该剧对清中叶政坛生态作了非历史的描写，让观众形成错觉。

上述皆属细枝末节，反映了编导文化素养偏低，无须深究。值得探讨的却是下面一个比较沉重的论题。

二、帝制末世的专制皇权如何历史定位

清宫戏的主角，是中国最后一个帝制王朝的最高统治者——皇帝，以及围绕周边的后妃、太监及文臣武将。清宫戏以浓墨重彩表现以帝王为中心的权贵场之风云际会，其可观处在此，应当讨论处也在此。

中国政治史的一大特点，是中央集权的专制帝制早在公元前3世纪的秦代便已确立（战国初成），比西欧及日本王权专制形成早了一千几百年，延续时间长达两千多年，而西欧王权专制仅两三百年，日本不足百年（明治至昭和前期），且愈演愈烈。从秦汉至明清的重大历史事变、政令法规的启动及实施，与秦皇汉武、唐宗宋祖，乃至成吉思汗、忽必烈、朱元璋、朱棣、爱新觉罗·玄烨、爱新觉罗·胤禛、爱新觉罗·弘历等辈多有干系。故历史论著的书写，历史小说、历史剧的创作，较多聚焦于帝王，理所当然。不过，这里有三个关键问题需加辨析：

第一，历史的基本驱动力并非帝王个人，包括最强悍、最有作为的帝王也受制于历史条件及其趋向（即柳宗元、王夫之们所论之"势"），历史的真正主角是民而不是君（故《尚书》有"民为邦本"说，《孟子》有"民贵君轻"说），因此历史不能写成帝王家谱，不能以帝王起居注取代广博深厚的历史图卷。百余年前梁启超便强调此旨（见梁启超1902年著《新史学》），今人不可遗忘近哲的启蒙性提示，切勿重陷"二十四史尽家谱"的窠臼。

第二，帝制是历史的产物，在不同历史阶段，发挥的作用有异。帝制史的前期（秦汉）、中期（唐宋）和晚期（明清），帝王的社会功能各有侧重，不可笼统视之。这里暂不讨论帝王的"仁""暴"之别，而以社会大趋势简略言之：

（1）战国是"古今一大变革之会"（王夫之语），战国以至秦汉的大变革，基本内容是走出贵族政治，确立朝廷选拔任免的官僚制，以郡县代封建，变土地不可买卖的领主经济为"土可贾焉"的地主经济，大一统帝制国家因以确立。其书同文、行同伦，扫六合、一天下的文治武功，尽管暴政迭现，充溢着污秽与鲜血，但在"恶"这一杠杆的撬动下，其历史的进步趋向历历在目。

（2）唐宋完善官僚政治和地主经济，租佃制取代庄园农奴制，农民和手工业者一定程度上摆脱人身依附，生产力得以部分解放；城市在政治军事中心基础上发展商贸功能，遂有《清明上河图》展现的那种繁荣、开放的市井生态（有学者称之"城市革命"）；开端于隋、成熟于唐宋的科举制，不计身份考选士众，政权向庶族地主、自耕农开放，扩大了社会的统治基础；唐宋两代（尤其是宋）士人政策宽松（宋太祖赵匡胤立卧碑，发誓不杀言事士人，两宋三百年基本执行此旨）。如上种种，养育了中国古典文化空前绝后的繁盛，陈寅恪称中国文化"造极于宋"，确为至论。

（3）明清是专制帝制登峰且作病态式强化的时代。以取消相权为标志，皇帝兼为国家元首和政府首脑（六部直接受命帝王），皇权不信任外廷，政治、军事、经济、文教实权由"身边人"（内阁、太监、军机处）操持，更实行特务政治，高中级官员皆在监控范围之内，连大臣某日小宴几人参加，都立即有厂卫向皇帝报告，皇帝装着随意询问大臣：昨夜几位宴饮可快活？实为警告大臣：你们的一言一行皆在我掌握之中。

集权的明清帝王"办大事"能力超强（如开疆拓土、平定内乱、改土归流、派遣空前规模使团到外洋炫耀帝威、修纂巨型类书丛书等），文治武功极一时之盛。与此堂皇的阳面同时，皇权桎梏社会革新、扼杀士众自由意志，以八股取士、文字狱软硬两手，将士人纳入精神囚笼，致使万马齐喑，"避席畏闻文字狱，著书都为稻粱谋"（龚自珍诗云）是那一时代知识界的实态。

明清维系重本抑末的经济政策，使社会生产力顿滞。又厉行海禁，愈趋封闭。乾隆末年来华的英国马戛尔尼使团，阅尽清廷浮华，又洞察到民众的极度贫困，看透了清朝是个一推即倒的"泥足巨人"。乾隆间诗人黄景仁已于当时的表面升平中洞见"忧患潜从物外知"（《癸巳除夕偶成》）。而反映清朝历史的清宫戏，大多回避社会危机，展现的是一派帝威民顺、繁荣昌盛图景。

第三，考析明清五百年，尤其是清代两百余年，还有一个切关紧要的视角，便是此际恰值西方近代文明勃发：14—16世纪文艺复兴，15世纪末开启大航海，17世纪科学革命，18世纪工业革命与启蒙运动，而中国却在封闭的农耕经济—宗法专制社会的轨道上徘徊。从全球视野观之，人迅进而我顿滞，中国落伍定格此际，铸就了战略性颓势，这正是今人最应反思并谋求克服之道的所在。而我们的康—雍—乾诸剧对此置若罔闻，一味演绎武功强大、经济繁荣的"盛世"景象。剧中偶尔出现西洋传教士入宫镜头，多是猎奇式描写，回避了朝廷自我封闭和中西文明差距拉大的事实，从而抽去"盛世乾隆"为 19 世纪中叶以来被动挨打埋下伏笔这一要点。于是，道光、咸丰、同治、光绪诸朝的衰颓以至丧权辱国，便失却前因，将败局归咎于个别帝王（如道光、咸丰）的愚钝、荒嬉，太后擅权和外敌入侵，一部具有深刻教益的清代历史失却纵深感，变得肤浅和偶然化了。

有一种说法：电视剧皆娱乐节目，不承担历史教化功能。此说有一定道理，文学作品当然不应摆出历史宣教者姿态，但历史小说、历史剧的教化作用又是客观存在的，例如，老百姓的三国知识和历史评断观，主要获自小说《三国演义》及一系列三国戏曲，而并非正史《三国志》。史家陈寿的《三国志》以曹魏为正统（此较接近历史真实），作家罗贯中的《三国演义》及三国戏曲却以蜀汉为正统，痛斥曹操为白脸大奸臣，而长期以来，普罗大众深信后者，可见文学艺术的威力往往在学术论著之上。既然如此，我们的影视作品便不能完全抛却历史教化责任。

三、帝制末期君王的扭曲造像：略析《雍正王朝》中的胤禛

雍正（名胤禛）是中国专制帝王的一个典型。他颇具才略，勇于整饬前朝弊端，善于开辟局面，实乃有为之君；他励精图治、事必躬亲，立志"以勤先天下"，"朱批之折，不下万余件"，称之史上最勤政的帝王，并不过分。而与此同时，雍正"以一人治天下"，嗜权若命，刚愎自用，深文周纳，隐忍多疑，阴鸷暴戾。通过雍正"这一个"，正可展示专制帝王的基本属性，加深对晚期宗法专制制度的认识。而《雍正王朝》却另有思路，通过力辟雍正"篡立"传说，塑造一个光明正大的帝王崇高形象。

以康熙—雍正传位继统这一关键环节书写雍正，本来是一个不错的取材角度。

君主专制社会统治权力（其最高点便是帝位）的获得，从来与民意、民举毫无关系，其间并不存在"公天下"的公法，而历来是统治集团最高层（帝王及身边几人）暗箱操作的产物。皇权时代的"天下"专属皇家，皇族及其追随者一再声言"天下"乃皇祖

"打"下来的，理当由其后嗣"坐天下"，故皇位授受，被视作帝王的家事，臣民不可染指。在"正常"情况下，由老皇帝生前设东宫（太子居处，或指太子本人）为"储君"，老皇帝驾崩，储君自然承接帝位，臣民向新君山呼万岁。也时有"不正常"获位手段，著名者如唐初发生"玄武门之变"，秦王李世民射兄（太子）斩弟，逼父（唐高祖李渊）让位；明初发生燕王朱棣以"清君侧"之名兴"靖难"之兵，从侄儿建文手里夺过帝位。而李世民、朱棣后来皆被认作"圣主""明君"。这充分说明，专制帝制下的统治集团全无"忠信孝悌"可言，最高权力（帝位）便是他们追逐的首席图腾，在此大纛之下，父子、夫妻、兄弟等人伦亲情都可弃之若敝屣，民众的灾难更不在话下（如明初争夺帝位的"靖难之役"延绵三载，军民死亡数十万之众，半壁江山一片瓦砾，生灵涂炭）。帝位承袭引发残酷内斗，是揭示专制帝制黑暗本质的一个极佳窗口。然而，电视剧《雍正王朝》却另有寄——以多集篇幅洗清关于雍正为了"篡立"而"谋父、逼母、弑兄、屠弟"等种种"传言"，证明皇四子胤禛的"得位之正"。这成了雍剧的主线和展开部，也是我们质疑雍剧的所在。

胤禛承位前后的历史真实，因皇帝的严切指令、反复修饰篡改，早已模糊不清，《清圣祖实录》等官方记载，胤禛方面的一切阴暗行为被全部抹除，经张廷玉等写手的杜撰，《实录》等文本借所谓的康熙言说，充满了对皇四子的美化和吹捧；但胤禛的争权对手胤禩、胤禟等人散布的十分不利于雍正的流言，则在民间口碑和稗官野史中传播不辍，于两三百年间不断发酵。其中有些故事（如胤禛改康熙遗诏"传十四子"为"传于四子"之类）造作痕迹明显，当然不可凭信，但在争位之际，四阿哥胤禛的阴毒凶狠决不在胤禩等人之下。而其狡诈、凶残更有过之而无不及，却是无法遮掩的历史事实。如果说，胤禩、胤禟是阴谋家、野心家，胤禛同样是阴谋家、野心家，只不过是一个成功了的阴谋家、野心家，爱新觉罗兄弟们的行径都是专制帝制的产物，并无正义与不义之分，雍剧却用力于作此区分，实在是画蛇添足，又把观众引入迷途。限于篇幅，本文不能展开议此，只略举数端稍加说明。

康熙多子（三十多个儿子，成人二十多个），他在位时间又长达六十一年，居中国数百帝王之首，故建储及诸皇子争位问题十分突出，多次达到白热化程度。康熙中期主要围绕二阿哥胤礽太子位的"立一废一再立一再废"展开，此间四阿哥胤禛隐忍，作局外状。至康熙晚年，才能卓越、党羽众多的八阿哥胤禩野心勃发，引起康熙警觉，八王党遭到严禁，胤禩失去承统的可能，此间胤禛虽暗地纵横捭阖，阳面上仍作局外状。康熙晚年可选继位的皇子已经不多，渐渐属意四阿哥和十四阿哥，更有意于军功显赫的十四阿哥、抚远大将军胤禵，此点史证甚多，兹不赘。皇位觊觎者胤禛在康熙六十年至六十一年（1721—1722）间的主要用心转为阻止胤禵继位，在康熙驾崩前后有一系列动作，此点史证亦甚多，兹不赘。其中一个关键处是，为了防止父皇宣诏胤禵承统，胤禛抢在胤禵从甘青前线赶回京师之前，结束老皇帝的性命。关于这一要点，传言很多，所谓斧声烛影，疑案重重。我们不必俱信雍正政敌胤禩等散布的流言，但超越他们兄弟间争位缠斗故事，有几桩无可置疑的事实（与胤禩等散布的故事无关），值得我们回味。

其一，康熙临终时身边唯一的重臣是胤禛的舅舅、拱卫京师的步军统领隆科多，康熙亡故后一个时辰，方由隆科多向外面等候的诸王宣示他"听到"的康熙口头遗诏；传位皇四子胤禛，显然不存在后来雍正宣传的"八人受谕"之事（"八人"指七个皇子加上隆科多）。不仅胤祉、胤禩、胤禟、胤䄉等皇子决不相信隆科多宣示的口头"遗诏"，今日研史者也认为其间可疑处太多。而胤禛登极，立即杀掉康熙晚年贴身内侍赵昌，显然因为此人知道不利于雍正的内情；继而又处决年羹尧，并将舅舅隆科多囚禁致死。这两个助胤禛上位最有力者的死于非命，不能一般性地归之"鸟尽弓藏"，合乎逻辑的解释是：年、隆二人参加胤禛的夺位阴谋甚深，成事后必被杀人灭口。雍正登帝位后，还害死主要对手胤禩、胤禟，禁锢胤祉、胤䄉等人，而且立召十四阿哥胤禵（雍正的同母亲弟）返京，并将其长期幽禁（以守陵之名）。诸般举措，意在堵塞继统问题上的大量漏洞。常言道"欲盖弥彰"，雍正在统治集团核心层施展的上述暴行，透露了他在继统过程中有重大不可见人的阴谋需要掩盖。

其二，雍正诚然雄才大略，但这位喇嘛教崇奉者又极其迷信，深服鬼神说。他登极后，从来不住亡父康熙喜居的畅春园，而花巨资扩建圆明园，作为自己居处，这不符合向以节俭著称的雍正的常轨，只能以避免与先父神灵相逢作解释。另外，顺治、康熙陵墓在北京东部遵化，雍正却到北京西部易县为自己修陵（自此清朝方有东陵、西陵之分），显然是要远离乃父陵墓，以免自己在阴曹地府遇到乃父。这两大举措只能说明雍正于先皇深怀愧疚、惧怕，佐证他借隆科多之手令康熙速亡（赶在十四阿哥胤禵返京之前），并编造口头遗诏的可能性。

其三，自康熙朝开始，清朝屡兴文字狱，此为清史重要的黑暗处，是晚期专制帝王丧心病狂的表现，而今之康—雍—乾三剧却对此基本回避，唯《雍正王朝》略涉曾静—吕留良案，也只是轻描淡写，远未揭示专制帝王病态的猜忌心理和残忍严酷（雍正不杀曾静，但对亡故已久的曾静的老师、早期启蒙思想家吕留良掘墓毁尸）。该剧通过宣介雍正的自辩文《大义觉迷录》，继续替雍正的"矫诏篡立"不厌其烦地"辩诬"，又用力表现雍正的"勤政爱民"，以树立一个"得民心者得天下"（该电视片主题曲歌词）的伟大君王形象。顺便提一句，《康熙王朝》主题曲的歌词，替康熙帝高唱出"我真的还想再活五百年"的豪言壮语。这两段主题歌只能使我们认定,《康熙王朝》《雍正王朝》诸清宫剧对帝王的衷心服膺和热忱赞颂。

凡此种种,使人联想起描写帝王的中外文学名著,稍加比较,感到今之清宫剧与其差别不可以道里计。

曹雪芹的《红楼梦》通过"元春省亲",从一个侧面展示后宫真相——尊为贵妃者其实十分凄清孤苦,元春见到母亲、奶奶痛哭不止,无言地透露了宫廷生活绵绵无尽的冷酷与辛酸。小说从官宦显族浮华生活的表象,透见清代的制度性腐败,其内囊已然蛀空,呼啦啦如大厦将倾。

吴敬梓的《儒林外史》以生花妙笔描绘朝廷构筑的名利场,如何戕害周进、范进之类士子的心灵,成为奔竞仕途的行尸走肉。

莎士比亚的《哈姆雷特》力辟王室阴谋,谴责宫廷政治的阴险、残暴;《李尔王》则尽写王族的无情和虚伪;《麦克白》表现一个本来人品不错的骑士,进入帝王权利场,终于演变为独夫民贼。

托尔斯泰的《战争与和平》,热情讴歌俄罗斯大地，同情皮埃尔等善良的追求者，欣赏天真纯洁的少女娜塔莎，景仰貌似迟钝、实有大智慧的军事天才库图佐夫，深爱淳厚的底层庶众，却嘲讽俄国沙皇亚历山大的虚骄与浅薄，辛辣地讥刺法国拿破仑一世的狂妄与自恋。

这些杰作绝无对专制王权及其人格化体现——君主的景仰乃至艳羡，却是站在人文主义高度声讨王权专制制度。

如果要探求宫廷剧的健康理路，上述中外现实主义文学著作早已树立榜样，它们洋溢着的对专制帝制的批判锐气，深藏着富于人民性的历史观，正是我们应当继承和发扬的文化遗产。

2019 年 3 月 4 日于武汉大学人民医院楚康楼

（本文前几年草稿，今春住院期间修订补充，无法核查文献，更不可能复览诸电视片，凭印象发议论，定有不准确处，切盼指正）

第三部分

即器求道　内外兼修
——文化史学进路 *

　　文化史学是史学的分支，是文化学与史学相结合的一门历史科学。

　　史学的对象是历史。而广义的历史泛指宇宙间一切事物的发展过程，包括自然史和社会史。正是在这一意义上，可以把历史科学称作"一门唯一的科学"[1]。狭义的历史则特指自然界中有机生命的最高发展阶段——人类的社会生活发展史，史学便是记述并探

----

* 采自冯天瑜、何晓明、周积明著《中华文化史》笔者所写导论，上海人民出版社1990年版。

1　见《德意志意识形态》，《马克思恩格斯全集》第3卷，人民出版社1972年版，第20页。

究人类社会进程的科学，它的基本使命是按照时代顺序，通过占有并处理反映历史事实的史料，"述往事，思来者"，阐明全部人类社会运动的过程及其规律。具体的史学研究，则可以对人类社会及各国度、各民族、各地域的历史作综合的、分期的或分类的考察。

作为史学一个特殊部门的文化史，同其他专门史，诸如社会史、政治史、经济史一样，有着自身的特殊研究范畴和使命。

文化史是史学向一个宽阔的领域展拓的产物。它把人类文化的发生发展作为一个总体对象加以研究，从而与作为社会知识系统某一分支发展史的学科，如文学史、史学史、科学技术史、哲学史相区别。

文化史在研究人类文化发生发展的总体过程时，尤其注意人类创造文化时主体意识（当然，这种主体意识受制于种种客观条件）的演变历史，从而又与研究客观的社会经济形态的经济史、研究社会状貌的社会史相区别。

自从人类站立起来，脱离兽类，在自觉意识支配下从事生产劳动，自然界就被赋予人的意义，出现反映人的意向和活动的世界，"文化"也就开始了它的

一发而不可止歇的生命运动。"社会的人是动物长期
发展的产物。但是，只有当人不满足于坐享大自然的
赐予，而开始亲自生产他所需要的消费品时，人类的
文化史才开始了。"[1]

同已有亿万年经历的宇宙自然史相比，人类文化
史"若白驹之过隙，忽然而已"[2]，但与人的个体生命时
间相比，人类文化史则相当悠久，我们今天所拥有的
文化，不是骤然降临的，正所谓"千仓万箱，非一耕
所得；干天之木，非旬日所长"[3]，它是人类在过去各
时代由交互关系与劳动生活所产生的延续的累积的结
果。

文化史的任务便在于综合考察这一汪洋恣肆的进
程，并探究看似白云苍狗、莫测变幻的文化运动的规
律。

文化既包括人类活动的对象性结果，也包括人在
活动中所发挥的主观力量和才能，因此，文化史不仅

---

1 《普列汉诺夫哲学著作选集》第 2 卷，三联书店 1961 年版，第
227 页。
2 《庄子·知北游》。
3 《抱朴子·极言》。

要研究文化的"外化过程"，即人类"开物成务"[1]，创造各种物化产品，从而改造外部世界，使其不断"人化"的过程，而且要研究文化的"内化过程"，即文化的"主体"——人自身在创造文化的实践中不断被塑造的过程，同时还要研究外化过程与内化过程如何交相渗透，彼此推引，共同促进文化有机整体进步。

因为主体（个体主体和群体主体）居于文化史研究的中心位置，所以，文化史家历来格外留意于主体色彩鲜明的领域。举凡人的认知系统、艺术语言文字系统、宗教伦理系统、习俗生活方式系统，尤为文化史家所注目倾心；即使是对那些主体性隐而未彰的领域，如科技器物系统、社会制度系统，文化史家也着力剖视潜伏其间的主体因素的创造作用，以及那些外化了的文化形态对主体的再造功能。

文化史学既以历史运动中的文化表现和文化锻造人自身的过程为研究对象，它必然是以文化的"内化过程"和"外化过程"兼而修之的。同时，文化史学还应当是"道""器"兼修的，《易传》曰："形而上

1　《周易·系辞上》。

者谓之道，形而下者谓之器。"推究形上之道，是哲学的使命；考察形下之器，是广义物理学的任务。然而，形上之道与形下之器之间并未横亘着不可逾越的鸿沟，其实是道不离器、器中藏道的。文化史学的研究理路，便是即器即道，器中求道，道的探求又须附丽于形器的考察，而形器考察亦不忘道理的追索。

即器求道，兼采内外，是文化史研究的正途，是文化史学既区别于哲学及思想史学，又区别于物理学及种种技术层面学术之所在。文化史学的学科定位，其基本依据在此。

观照文化史两重点：
开创期与转型期

————————

中国文化源远流长，以创用文字为开端的文明史亦有三千多年，其间发挥自性，又吸纳异域，大开大合，起伏跌宕，却始终传承不辍，成为全球诸文化中罕见的延续型文化。把握延绵不断、异彩纷呈的中国文化，要总览全局，尤须深入细部，所谓"宏观着眼，微观入手"，运作又须疏密有度，抓住重点，集中用力。当然，对"重点"可作多种理解，如可以唐代为重点，因"唐诗"尤显中华文化恢宏气度；也可以宋代为重点，因宋代"造极"于中国文化（陈寅恪语）。而武大中国传统文化研究中心（包括其前身中国文化研究所、中国文化研究院）成立二十年来，诸同仁在历史段落上、学科分野上各有专攻，而其研究重点逐渐集结于两处——中国文化的"开创"与中国文化的"转型"。

文化开创期，约指三代，其关键时段在两周——官学的西周和私学的东周。"周监于二代，郁郁乎文哉"，承袭夏商两代的文化积淀，至周代出现中国第一个文化繁荣期。两周八百年，恰置雅斯贝斯所谓之"轴心时代"（公元前6世纪前后几百年），人类的首批（也是最富原创性的）精神导师（如古希腊群哲、希伯来诸先知、南亚佛陀、中国先秦诸子）不约而同诞生于此际，具有思想奠基意义的文化元典创制于此际，后世文化虽各有拓展，却大体环绕着这个轴心运转，作螺旋式上升。西哲有言，一部西方哲学史，无非是柏拉图的注脚；中国人也可以说，一部中华精神史，大略是先秦诸子的演绎和不断重铸。因此，研讨中国文化史，必须用力用心于先秦，特别是元典成型期的晚周（春秋战国）。孙中山在谈到革命史的考究时说："穷理于事物始生之处，研几于心意初动之时。"诚哉斯言！我们认识中国文化史也当作如是观。

对于轴心时代的精神成果，要做全方位的深度观照，如中国先秦不能仅仅关注后来成为主潮的儒家，道家以"自然"为最高范畴的超世俗思维，墨家的"兼爱"及墨辩，法家的"法不阿贵"及社会进步观，兵家的军事辩证法等，都各有辉煌处。儒家的仁学与礼学有许多卓越思想，尤其是"民本主义"烛照千古，然帝王专制之术虽依凭法家学说，儒家也有铸造"帝王之学"的潜质，汉以后的历史反复证明此点（中古、近古儒学的官学化与亚里士多德学说在欧洲中世纪教条化颇相类似性），而学说官方化、教条化非学说之福，学人对此应当警惕。此外，儒家肯认劳心劳力分工，反驳农家反分工的历史倒退论，这是儒学的重要贡献，然儒学进而将体脑分工绝对化，无限推崇劳心，贱视劳力及技艺。中国文化重政轻技、手脑分离的偏颇，难以产生亚里士多德、达·芬奇那样人文与科技并富的巨匠，并导致"万般皆下品，唯有读书高"的观念普被雅俗两层面，这与儒学极端扬劳心、贬劳力的传统确有干系。而墨家手脑并用，政技兼理，初现劳心劳力协调发展的取向，惜乎秦汉以下墨学中绝（其中绝的原因，除统治者打压、儒学贬斥外，也与墨学自身的缺陷有关）。中国难以自生近代科技，与工业革命失之交臂，当然有多方面原因，但与墨学中绝所昭显的手脑分离风尚相关。略陈以上，意在提示：对中华元典精义应有全面把握、理性辨析，应作历史主义的批判性继承。

文化转型期则指文化发生全局性质变的阶段。"近代转型"，则指从自然经济为主导的农业社会向商品经济占主导的工业社会演化的过程。与物质文化层面的变迁相为表里，在制度文化层面，彼此隔绝的"鸡犬之声相闻，老死不相往来"的静态乡村式社会，转化为开放的、被种种资讯手段紧密联系起来的动态城市式社会，礼俗社会变为法理社会，人际关系由身份演为契约，宗法—专制政体为民主—法制政体所取代。作为物质文化、制度文化的精神先导和思想反映的观念文化，也在这一过程发生深刻的变异，诸如神本转向人本，君本位（官本位）转向民本位，教育从少数特权阶层的专利变为大众所享有。社会重建和文化重建任务，分别由中产阶级的形成与壮大，知识分子的形成与壮大而逐步得以实现。

近代转型，以往多把启动期定在第一次鸦片战争。此说强调西力东渐的影响，其实，中国文化自身也存在着近代转型的内力，转型是外因与内力综合影响所致。略举一例，1840 年前两个世纪的明清之际，黄宗羲所撰《明夷待访录》，承袭先秦民本主义，又在若干方面有所突破，不仅如孟子那样谴责暴君，而且批判秦以来全部"今之君"，寓否定君主专制制度的意蕴，提出"君臣同事论""公是非于学校论""工商皆本论"，这种思想可称之"新民本"，已直逼近代性的民主主义。而"新民本"是西学东渐之前中国自生的产物，胡适称《明夷待访录》为"中国的《民约论》"。而近代改革派的民主理念并非仅仅来自西欧的《民约论》，而且取法于"中国的《民约论》"《明夷待访录》，梁启超、刘师培、孙中山对此都有明白无误的说明。

中国近代文化转型是依托传统又变革传统的过程，如从元典的忧患意识到近代救亡思潮，从"穷变通久"到近代社会变革论，从"汤武革命"到国民革命、共产革命，从原始民主、民本主义到民权主义，从"华夷之辨"到反帝的民族自决论，从"厚生—养民"到民生主义，从"均富—大同"到社会主义，在在皆是中国文化自身的辩证转化过程，当然其间西学东渐的外部助力也是不可或缺的。而上古之元典精义，在人与自然、人与人、人与社会诸层面的协和观念，对于今日克服人与生态环境两极对立的现代病有着启迪意义。

总之，考析古今转换、中西交会的历史场景，以求得对中国文化近代转型的真解，学术意味浓厚，现实启迪性无穷。

过往的二十年，武汉大学中国传统文化研究中心诸同仁探讨文化开创期和文化转型期，乐此不疲，但成绩只是初步的，今后还将继续努力，希望得到诸位高明的指导与帮助。

2017 年初冬病笔匆匆

回复与前进

　　近 20 年来，我在从事文化史研习的过程中，深切感受到传统与现代之间存在着一种深刻的辩证联系。人之所以能够超越动物界，了解万事万物的"幾微变化"并运用之，是因为人的每一代个体可以通过接受种种文化遗产，迅速"越过"人类几千年间所经历的文明进程，达到一个新的起跑点。我们可以把这个过程称之为对先辈文明成果的"记忆"。一切"失忆者"都不具备创造新文化的基本条件。

　　中国是一个重史的国度，中国古人称"史"为"记事者也"[1]，揭示了人类的这种"记忆"特征，这实

1　许慎：《说文解字》。

在是一个言简意赅的定义。重史的中国，也就是重记忆、重传统的中国。当然，重视历史记忆并非中国人所独有的特征，古希腊人便把"记忆"提升到神格，希腊神话说，"记忆女神"与主神宙斯结合，诞生九位掌管文化的缪斯，包括历史之神克利俄，足见希腊人意识到一切精神文明都受惠于"记忆"的恩泽；希伯来元典《圣经》也一再出现"记忆"一词，以及"纪念标志""祭品""记录""纪念""铭记"等概念，这都是强调对过往事实及经验的不可忘怀。人类之所以能成为"宇宙的精华，万物的灵长"（莎士比亚悲剧《哈姆雷特》主人公的台词），成为"天地之心"[1]，在相当程度上归功于这种对实践经验和思想加以"记忆"的能力，否则我们很可能不是与猿猴为伍，便是混迹于野蛮人群之中。

我们讨论现代化与传统的相互关系，除着眼于一般意义的"传统与现代"的历史联系之外，还特别注目于"古代—中世纪—近代"三段历程中现代与古代的特殊关系，也即"三"与"一"之间的否定之否定

---

1 《礼记·礼运》。

关系。

历史的辩证法反复昭示：发展不是简单的生长和增进，并非总直线式运动，而往往是通过一系列螺旋式圈层实现的。在每一个圈层，事物大体经历着"正—反—合"的三段式过程，任何过程的初始阶段已蕴蓄着终结阶段的基本因子，正如幼芽包含着树木主要构造（根、茎、叶、花、果）的雏形，哺乳动物的胚胎包含着成兽的全部器官的生长点一样，精神的最初表现也潜在地预示着日后的特征。因此，事物与精神在其发展过程中，往往要在高级阶段上重现低级阶段的某些特征。这样，回复（即"回到"出发点，"回到"开始）便是一种上升的形式，是发挥"唤醒"事物在其开端时已蕴藏着的可能性的一种方式。所以，回复不是重复往昔，而是事物前进运动的一种形态。在现实的发展过程中，事物不可能绝对地、完全地重复过去，而是通过"复归"，跃上新的水平线。

否定之否定律是辩证规律中最富于历史性的规律，天体运动、生命运动和思维运动，莫不遵循否定之否定法则去进行历史运作。当然，否定之否定规律并不是一种简单的模式，事实上，各种不同的事物其否定的形式各有特点，天体运动的否定之否定规律的具体形态，不同于生命运动；一般生命运动的否定之否定律的具体形态，不同于思维运动。但是，各类事物的历史进程又有一般规律，以往的辩证论者往往用"圆圈"形容这个一般规律的形态，但更确切的描述词则是"螺旋"——不断按照"正—反—合"程序进行的"螺旋线"，在一个螺旋圈层内部，作为终结的第三阶段（"合"）综合着前两个阶段（"正题"与"反题"），履行着在新的更富有内容的统一中扬弃片面性的功能，这每一个"螺旋圈层"，在外观上往往呈现结尾与开端的"吻合"，而其实，过程的归宿在质地上已不同于最初的形式，因此，否定之否定律不同于循环论，它指示的是一种"发展的、开放的螺旋"，而不是"平面的、闭合的圆圈"；而且，每一个螺旋圈的结尾又是另一个新层次螺旋的开端。

作为由具有自觉意识的人类创造的文化，其历史进程比机械运动和一般生命运动更为复杂、更为机动，在许多具体的、个别的发展段落上，颇富随机性、偶然性，然而，从较长时期观察，人类文化史仍然生动地刻画出螺旋式的发展轨迹，体现易道所谓的

"元—亨—利—贞"阶段性进展，并在特定阶段出现"贞下起元"式的辩证回复，一再演绎"正—反—合"的逻辑历程，这在西方文化史和中国文化史都可以找到相当典型的例证。

这种古与今之间的辩证联系，鲜明地表现在中国现代文化史。

有一种由西方学者提出的解释中国现代化过程的理论，叫作"冲击—反应"模式，认为中国社会本是一个封闭自足体系，只是受到西方冲击以后，方被动反应。西方的经济、政治、军事、文化影响是中国现代化的唯一动力，中国固有的文化传统只构成现代化进程的滞后力。这种影响甚大的理论是失之偏颇的。中国现代化运动并非单单依赖"西力东渐"，而是西方冲击与中国某些自在因素彼此激荡的产物。仅以促成中国现代化运动的观念性动因而言，应当说来自两个方面。

其一为西方现代学说，如进化论、民约论、民权论、民族国家思想、君主立宪论、民主共和理念等。

其二为中国古学的某些精神，尤其是元典蕴蓄的富于活力的观念，经由西学的刺激、新的时代条件的重铸，焕发出崭新的风貌。例如，中华元典（特别是《周易》《诗经》）的"忧患意识"转化为近代救亡思潮；"穷则变，变则通，通则久"的"变通趣时"观和"自强不息"观转化为现代"自强"意识和"更法""改革"主张；"汤武革命，顺天应人"转化为现代社会革命论；"华夷之辨""尊王攘夷"观念转化为现代民族主义；"民贵君轻""民为邦本"观念虽然不是民主思想，却成为中国现代民主主义的构成因素。

元典——人文常青树 *

公元前 6 世纪前后的几百年间，亚欧大陆的几个独立发展起来的文明，不约而同地编纂出原创性典籍。例如，印度的《吠陀》《佛典》；中国的《诗》《书》《礼》《易》《论语》《孟子》《老子》《墨子》；希伯来的《旧约全书》《新约全书》；古希腊哲学家的论著（如柏拉图的《理想国》、亚里士多德的《形而上学》等）。笔者将这类典籍称之"元典"，含有"始典""首典""原典""美典""宝典"诸意蕴。元典作为如椽大笔的巨制，没有在时代的迁衍中暗淡、消弭，反而历

---

* 载《武汉大学学报（哲学社会科学版）》，1995 年第 1 期。收入本集时略有修订。

时愈久而愈益光耀夺目，正所谓"青山不老，绿水长流"，其原因安在？本文拟从文化发生学和解释学角度试作回答。

一

如果把一个民族跨入文明门槛（以金属工具和文字发明与使用为标志）之前，称作该民族的"儿童时代"，把跨入文明门槛的初期称作"少年时代"（如中国的殷商时期，希腊的"荷马时代"），那么随着金属工具的普及，国家和城市的发展，较复杂的意识形态应运而生，该民族进入创造力空前旺盛的"青年时代"（如中国"郁郁乎文哉"的周代，特别是晚周；希腊的"群哲时代"）。而元典正是各文明民族"青年时代"的创作物。

就人的个体生命发展史而言，青年期（Adolescence 其词源于拉丁文 Adolescere，意为"生长"或"达到成熟"的时期）不仅是躯体生理成熟之时，而且是智慧发展的重要阶段和性格塑造的关键时期，对于人的一生，从世界观、性格到智力，都具有决定性意义。如果说，人们在儿童—少年期，感性认识占据优势，即或有体系性思考，也是"无意识"或"前意识"的，而青年期已首次具有较自觉的理论思考，开始注目于深刻而永久的主题，并洋溢着追求真理的蓬勃英气。儿童怀着好奇、惊讶的心态认识世界，少年带着激情、怀疑的心态认识世界，而青年则深受崇高理想鼓舞，义无反顾地去探索万物的奥秘。他们既保有异常的敏感，又具备思考和反省的能力，并且长于以"气吞全牛"的魄力去把握宇宙、社会、人生的宏大课题，进而做出自己的价值判断。与人的个体生命发展史的青年期颇相类似，各文明民族在其文化发展的"青年期"也有区别于此前、此后的独特性格和异乎寻常的创造。在这一时期，人们思考的深度已从第一序列进入第二序列，即不满足于对现实的直观反映，而开始对世界的本质和运动规律作深层次探索，并思考作为实践和思维主体的人类在茫茫时空中的地位，进而反思自处之道，首次系统地而不是零碎地、深刻地而不是肤浅地、辩证地而不是刻板地表达出对于宇宙、社会和人生的观察与思考，用典籍形式将该民族的"基本精神"或曰"元精神"加以定型。这种典籍便可以称之"文化元典"。

正如一个人的青年时代是禀赋、性格和世界观确立期，因而对其一生至关重要一样，一个民族"青年时代"的精神创造也有着特殊意义。这一时期涌现的文化元典凝结着该民族在以往历史进程中形成的集体经验，并将该民族的族类记忆和原始意象第一次上升到自觉意识和理论高度，从而规定着该民族的价值取向及思维方式；又通过该民族特有的象征符号（民族语言、民族文字及民族修辞体系）将这种民族的集体经验和文化心态物化成文字作品，通过特定的典籍形式使该民族文化的类型固定下来，并对其未来走向产生至远至深的影响。文化元典因其首创性、涵盖面的广阔性、思考的深邃性成为该民族垂范久远的指针和取之不尽的精神源泉。

二

元典的不朽性，与元典建立在现实基础上的超越性直接相关。

元典的不朽，主要并非因为元典讲述了一些具体知识（这些具体知识很可能早已陈旧过时），而是由于元典包藏的基本精神能够观照久远岁月。千百年间，人们依托这些基本精神，不断加以重新铸造、反复发挥，从而对相关民族的价值取向、行为方式、审美情趣、思维定式造成深远而又常新的影响，这是元典超越性的关键所在。这种超越性并非由神秘因子所造成，乃是由元典的基本特质所导致——元典的思想对宇宙、社会和人生的普遍性问题具有指导作用，而这些问题又是各个时代、各个地域的人们所始终关心的，也就是说，元典讨论的是不朽的主题。同时，元典在回答这些始终激动着、困扰着人类的普遍性问题时，所提供的是一种哲理式的原型，而并非实证性的结论；是一种开放性的框架，而并非封闭式的教条。这就使元典不致因内容和形式的时代局限沦为明日黄花，而以一种灵感之源，一再发挥启迪功能。《周易》《佛典》《圣经》《理想国》等东西方元典都具有上述特性。

元典能够成为后世取之不尽的启示渊薮，还与元典的内涵和外延拥有广阔的"不确定域"大有干系。这种"不确定域"使元典在历史进程中可以被人们不断做出新的诠释，以适应各个不同发展阶段的人们的特殊需要。诚如今人金岳霖所指出的：

> 中国哲学非常简洁，很不分明，观念彼此联
> 结，因此它的暗示性几乎无边无涯。结果是千百
> 年来人们不断地加以注解，加以诠释。[1]

金先生这番话揭示了中华元典在后世被赋予各种各样
解释的奥秘所在。两千年前的司马迁也说过寓意类似
的话：

> 居今之世，志古之道，所以自镜也，未必尽
> 同。[2]

认为诠释包蕴在元典中的"古之道"，不过是各代人
"自镜"（自己发现自己）的办法，元典的诠释是一个
以今判古、推陈出新的过程，因而元典的诠释史就无
限丰富多彩，而元典自身在这一过程中成为本民族甚
至域外民族历史上一棵永不凋谢的"常青树"。

三

元典是历史作品，却能在后世不断获得现时代意
义，一再为后人所用，成为千百年来人们精神生活中

---

1 金岳霖：《中国哲学》，载《哲学研究》1985 年第 9 期。
2 见《史记》。

不可或缺的因素。中国人对"经"的解释，颇能表达元典的这种特殊功能：

> 经，径也，如径路无所不通，可常用也。[1]

元典的"常用"不衰这一现象，提出一个解释学的基本问题——一代又一代的人们能够"常用"元典，是因为元典文本确乎"放之四海而皆准"，适合千秋万代的需要，还是因为后人借助元典文本的躯壳，不断注入他们当下时代所要求的东西？或者说，人们在着手理解和解释元典文本时，是认定"文本"原来已经包含着独立于理解和解释之外的意蕴（可称之"本义"），还是"文本"的意蕴原是处于未定状态，只有经过人们的理解、解释和发挥（可称之"引申义"），其意蕴方得以确立和完成？

元典作为在特定的历史时代由若干特定作者群创制的"文本"，自然有着反映特定时代和特定作者群思维成果的具体内涵，也就是说，文本的"本义"是一种客观的历史存在。而对客观存在的文本本义的认识，不能脱离对文本的语言文字的真实把握，以及对

1　见《释名·释书契》。

文本所涉及的社会背景的具体了解。汉代经学家在这方面做过不少开创性工作，如刘歆提出"六书"是汉字造字法则，许慎（约58—约147）《说文解字》更吸收前人成果，成为一部汉字学的系统专著，为正确理解元典本义奠定基础，而郑玄（127—200）则遍注诸元典，从字音、字义的考究，到典章制度的追溯都下过深入功夫，故"郑学"在其发掘元典"本义"方面劳绩甚著。由于郑玄信奉谶纬，故他所发挥的元典"引申义"多不足为训。一千多年后，清代乾嘉学派承接汉儒，在发掘元典本义方面进行了更加浩大的工程，他们以文字学为基点，从训诂、音韵、典章制度、历史、地理、天文、历法研究入手，力求逼近元典本义的奥秘。这一派杰出代表戴震（1724—1777）说："经之至者道也，所以明道者其词也，所以成词者字也。由字而通其词，由词而通其道。"（戴震：《与是仲明论学书》）这是力求通过文字训诂开掘元典本义的一种努力。戴震还从自身治学经历出发，就把握元典本义的途径做出概括：

> 仆自十七岁时，有志闻道，谓非求之《六

经》、孔、孟不得，非从事于字义、制度、名物，无由以通其语言。宋儒讥训诂之学，轻语言文字，是欲渡江而弃舟楫，欲登高而无阶梯也。[1]

这里讨论的是探求文本本义的方法问题。这种讨论的前提，当然是承认文本本义的客观存在。既然文本本义是客观存在的，阐释者的任务就是通过文本语言去开掘它、确认它。

文本除客观存在"本义"之外，在阅读者和解释者那里，还有一个理解问题，以及由不同的理解导致的不同解释和多样发挥。例如，《圣经》的《雅歌》无疑是爱情的颂歌。但是，它所表现的是谁对谁的爱？历来却有不同的解释。犹太人把它看作上帝对犹太民族之爱，并将其视为犹太民族的一部史诗，包括它的过去、现在与未来。然而，基督教徒却看不出《雅歌》的诗中有犹太史，而只看到基督对教会和个人灵魂的爱心。中世纪的经院学者则从《雅歌》中发现了"智慧之爱"，发现了知识分子对真理之爱。这便是同一文本在不同接受者那里产生不同理解的典型

1　戴震：《孟子字义疏证·与段若膺论理书》。

例证。美国哈佛大学比较宗教名誉教授史密斯说过一段颇有意味的话："篇章本身并不等于是圣典，也没有一个篇章会自行成为圣典。只有当一个篇章被看成圣典时，只有当某一民族或社团以一种特殊的方式看待它时，它才成为圣典。"[1] 我们也可以说，元典文本最初也不具备特别的意蕴，只有当该民族以神圣待之，它才成为具有神圣意蕴的典籍。总之，元典丰富的意蕴是由文本自身含义和解释者在解释过程中共同造就的，而且，在很大程度上，是解释者不断"重铸"所赋予的。

四

元典的"不朽"，是在元典的阐释史中体现出来的，其机制既寓于文本的特质，又寓于文本丰富的内涵给阅读者、解释者、信奉者提供多方面的阐释路向，从而贴近各种不同时代人们的精神要求。而中华元典的重于诗学编码、疏于逻辑编码，更增加了其"不确定域"的广度和深度，导致日后阐释的"亡羊

---

[1] 见史密斯 1989 年 5 月在中国社会科学院世界宗教研究所座谈会上的发言：《圣典及其学术研究》。

歧路"。董仲舒深悉此中奥妙，他指出：

> 《诗》无达诂，《易》无达占，《春秋》无达
> 辞。[1]

宋人颇服膺此说，而明清之际的王夫之又有"诗无达志"[2]之说。"诗无达志"与"诗无达诂"分别揭示了元典本义多歧和阐释多歧这两个重要现象。"诗无达志"讲的是：由于作者内心世界的复杂多面，导致作品的思想情志的错综纷纭。"诗无达诂"讲的是：由于阅读者知识、经验、情志、心境的千差万别，导致对作品理解的林林总总。而作者与阅读者、文本本义与引申义的纷纭多歧，造成各种不同的元典阐释路向。鲁迅在论及人们阅读《红楼梦》的不同感受时，说过一番颇富于解释学哲理的话：

> 《红楼梦》是中国许多人知道，至少，是知
> 道这名目的书。谁是作者和续者姑且勿论，单是
> 命意，就因读者的眼光而有种种：经学家看见
> 《易》，道学家看见淫，才子看见缠绵，革命家看

1　见《春秋繁露·精华》。
2　见《唐诗评选》卷四。

见排满，流言家看见宫闱秘事……[1]

这种"仁者见仁、智者见智"现象的出现，一是由于文本内涵的丰富性、多面性导致了广阔的"不确定域"，二是由于不同的接受者、解释者有不同的视角、不同的接受心态和阐发方向，因而对同一文本，可以有大不相同的理解和诠释。

各种解释学学派对文本的"本义"和"引申义"各有不同的侧重，由此推引出迥然相异的元典诠释路线。

五

在西方，古典的解释学主要用以诠释古希腊诗文（如《荷马史诗》）和希伯来《圣经》。这种解释学承认文本本义的存在，从而把解释的任务确定为通过语法上的阐释，又参照古代典籍所提供的有关背景材料，力图发现文本的本义，再现历史典籍的原有内蕴。当然，古希腊也有注重文本引申义的解释传统，如基督教的希腊教父克雷芒（约150—约215）认为，

---

1 鲁迅：《集外集拾遗补编·〈绛洞花主〉小引》，载《鲁迅全集》第8卷，第145页。

哲学是归向基督的预备，他继承并发展了亚历山大学派"寓意释经法"传统，主张《圣经》的字句后面隐伏着更深的含义，诠释者的任务便在于开掘这种含义，他的《杂记》等论著，都在《圣经》某一句子之后，引申出一大段"深意"来。

西方近代的诠释学理论大体承继并发展了上述两种诠释传统，但居优势地位的近代诠释学是沿袭后一传统的，这种诠释理论设想历史典籍的意蕴是流动未定的，诠释的任务在于使文本流动、模糊的意蕴通过解释明晰起来。

西方近代解释学开端于意大利哲学家维科（1688—1744）。他认为"真理与事实是可以改变的"，文本中使用的符号与概念，其规则与约定都是人造的，因而是任意的。19世纪，西方解释学回复到把理解和解释视作一种"意义的重建"，也即再现文本的原意，达到文本与解释者、作者与读者间的沟通，这里强调的是解释的客观性。20世纪崛起的现代解释学对文本意义的客观性又有新的认识。德国哲学家伽达默尔（1900—2002）创立的"哲学释义学"，认为人文科学与自然科学的对象和方法都有不同，自然科学的对象往往与解释者无内在联系，研究者可以客观地审视它，自然科学关心的是真；人文科学的对象直接同人的经验相联系，它关心的不仅是真，还有善与美，因而人文科学不能满足于自然科学的实证方法，还要有价值判断、审美判断；人文科学也不能局限于自然科学的客观考察，还要有主观的参与，对一个文本的解释，必须有阅读者、解释者的主观体验、想象的参与，才能实现意义的重建。

正因为对于文本本义的客观存在与否有着分歧的理解，随之而来的，就产生"解释一元"与"解释多元"的分野。肯定文本本义的客观存在，就认定解释只能是一元的，也即对文本本义的复归；认为文本本义不是一个简单的认识客体，其发掘必须伴之以阅读者的主观感受，这就对解释采取开放态度，承认多元解释的合理性。

中国虽然没有出现自觉的解释学理论及其学派，但实际上，自汉代以来，围绕对经典的诠释，产生过各种理论和学派，其影响最大者为汉学与宋学。大体言之，汉学是用训诂考据方法治经，注意发掘元典的"本义"，力求窥见元典内蕴的"本来面目"，这有些近似西方古典解释学和 19 世纪传统解释的追求；宋学在解释元典时不大讲求元典的本义，而着重开出"引申义"[1]，这又有些与维科的解释学理论与西方现代解释学的旨趣相类。出于对元典"本义"和"引申义"的不同侧重，形成汉代至清代两大元典诠释体系——汉学与宋学。汉、宋之争，除与各时代政争相关外，从学理层面而言，主要是由对元典本义客观性的确认与否，以及对元典引申义合理性的肯定与否造成的。

此外，在元典的汉学诠释体系内部，又有今文经学和古文经学两大流派。今文经学以元典为政治教科书，着重发挥经文的"微言大义"，也即更多地在"引申义"上下功夫；而古文经学以元典为历史文献，偏重于"名物训诂"，较用力于"本义"的开掘。

确认文本本义，追求文本本来面目的恢复，对阐释者来说是一种历史的、客观的工作，提供了元典研究的基础，可用"我注六经"概括之；而发挥元典引

1　宋学中的心学派对于元典的阐释抱有极端的看法，如陆九渊认为，对经书集注、章句与经书本义无关。不过是"好事者藻绘，以矜世取誉而已"（《象山全集》卷 一四，《与侄孙濬》之三）。

申义，对元典文本作新的价值评估和阐释者主观意图的申述，即陆九渊（1139—1193）所谓"六经皆我注脚"[1]，则是一种现实的、主观的工作，能使"元典之树"保持意义常青，可用"六经注我"概括之。"我注六经"与"六经注我"是两种极端之论。实际上，这两种努力应当是双向同构的，分则两伤，合则双美。较完善的元典阐释路径是：

> 各还他一个本来面目，然后评判各代各家各人的义理是非。不还他们的本来面目，则多诬古人。不评判他们的是非，则多误今人。但不先弄明白了他们的本来面目，我们决不配评判他们的是非。[2]

对于中国传统的两种元典诠释体系——汉学与宋学，清代开始进入综汇其长的阶段。有些学者认为不要限于汉、宋门户之见，而应使二者相得益彰，这便是"合汉宋"的元典诠释路线，即以训诂立足，开掘文本"本义"，又着意发挥文本"引申义"，并做出现

1　见《象山全集》卷三四，《语录》。
2　胡适：《〈国学季刊〉发刊宣言》，载《胡适文存》第2集第1卷。

时代的价值评判。纪昀在《四库全书总目提要》中，归纳汉代以降的"学凡六变"，最后总括道：

> 要其归宿，则不过汉学、宋学两家互为胜负。夫汉学具有根柢，讲学者以浅陋轻之，不足服汉儒也；宋学具有精微，读书者以空疏薄之，亦不足服宋儒也。消融门户之见，而各取所长，则私心祛而公理出，公理出而经义明矣。[1]

总之，元典作为历史文献，自有存在的客观内蕴。揭示这种客观存在的内蕴（即文本的"本义"）及其在原时代的价值，是一种"我注六经"的过程；元典作为后世反复研读、阐释的文本，又必然要不断注入一代又一代晚出的阅读者和解释者的感受和理解，不断被重新铸造，从而以更新了的精神被后人所利用，这又是一种"六经注我"的过程。而元典正是在人们反复地"我注六经"和"六经注我"的双向过程中，赢得历史典籍的客观地位和生活教科书的常青性。

1　见《四库全书总目提要》卷一，《经部总叙》。

六

元典既是历史的，又是不朽的；既属于过去，又属于现在和未来。诚如意大利哲学家、历史学家克罗齐（1866—1952）所说："每一种真正的历史都是现代史。"[1]他又强调，在使用这一命题时，应当"排除一种似是而非的东西"[2]。克罗齐指出：

> 死亡的历史会复活，过去的历史会变成现在，这都是由于生命的发展要求它们的缘故。罗马人和希腊人躺在他们的坟墓里，直到文艺复兴时代，才被欧洲精神新的成熟所唤醒。文明的原始形式，那样粗糙，那样野蛮，躺在那里被人遗忘，或很少为人注意，甚或被人误解，一直要到欧洲精神的新阶段，即大家知道的浪漫主义或恢复运动才来"同情"它们——那就是说，承认它们作为自己现在特有的兴趣。就是这样，历史的伟大论著现在对我们说来是编年纪录，许多文献

1　克罗齐：《历史和编年史》，《现代西方史学流派文选》，上海人民出版社1982年版，第334页。

2　克罗齐：《历史和编年史》，第334、344—345页。

目前是默默无声，但是等到时来运转，生命的新的闪光又会从它们的身上掠过，它们又会重新侃侃而言。[1]

作为历史"编年纪录"的元典，其文本"本义"自文本诞生之日就客观地存在着，如同矿物藏埋在深山一样。在人们开掘它以前是"默默无声"的，但当人们出于现时代的需要，勘探它、采掘它（即发现文本"本义"），进而还要去冶炼它、加工它（即发挥文本"引申义"），元典就从寂寞的古董变得生机盎然、异彩焕发，并展示出全新的功能，"重新侃侃而言"。

七

元典是距今两三千年前的"轴心时代"的创作物，包藏着该民族在后世将要逐步演绎出来的各种精神性状的基元。但是，在某一特定历史时段，这种"全息性文化基元"究竟是哪些部分活跃起来，哪些部分却继续"沉睡"，则取决于某个特定时段的文化氛围和社会需求。同时，元典既然是先民的创造，是

1　克罗齐：《历史和编年史》，第334、344—345页。

古代社会的观念产物，它所蕴藏着的"基元"能够在后世的某一时段苏醒过来，运作起来，并且发挥新的社会作用，必须仰赖后人的创造性转换。

在近代中国，首先是与近代社会运动相切近的那一部分元典精神苏醒并活跃起来。这便是——

忧患意识；

变易—自强观念；

"汤武革命，顺天应人"思想；

华夷之辨，内华夏外夷狄的民族意识；

民为邦本的政治理念。

中华元典精神的上述成分切合了近代中国历史或某一时段的需要，而中国人在近代社会实践中又对上述古老观念加以转型与重铸，并与西学的某些对应部分接轨，使其如同火中凤凰，在涅槃中赢得全新的生命，构成在近代中国发生重大的影响的救亡思潮、更法—自强思潮、社会革命论、近代民族主义、近代民主主义。至于中华元典所贯穿的一天人、合知行、同真善、兼内外的融通精神，行健不息、生生不已的好勤乐生主义，人道亲亲的人文传统，以及德业双修观念、变化日新观念、社会改革意识、厚德载物的文化包容意识、不走极端的中庸精神等，经过现代社会实践的过滤式选择和创造性转换，无疑将为现代人克服撕裂主体与客体有机联系的"现代病"提供启示。

现代人求教于元典精神，当然不是要放弃文明，回归远古，去过"小国寡民""刀耕火种"的原始生活，或像托尔斯泰那样，脱离喧嚣的城市，到农村去用木犁耕田，而是在"退却与重回"中获得民族原创性动力，赢得解救"现代文明病"的"精神处方"。这既是"以复古为解放"，也是探索用新见变化古典气质的"革故鼎新"之路。现代人在这一过程中将因获得灵感启示而有所受益，元典精神也将在新的诠释中赢得新的生命。现代化进程与元典精神的这种双向性辩证运作，有可能探寻出防范"文明悖论"的途径，使文明进步这柄"双刃剑"更多地发挥其利，而限制其弊端的蔓延。当然，文明进步既然是一柄"双刃剑"，人类要想只享其利，全然不受其害，也是一厢情愿的幻想，我们所能做到的只是：对弊害的自觉认识和有效控制，从而给中华文化的现代化过程创造较为健全的社会心态，规定较为稳健的前行步履。

由词通道 *

术语研究在本质上是一种语义研究。人类被称为"语言动物"。语言是在人类历史中形成的文化现象，故语言从来与历史及文化脱不开干系。而在构成语言的语音、语法、语义三要素中，语义的历史性和文化性又最为深厚。"语义学"是研究词语意义的学问，中国传统称"训诂学"。用通俗的话解释词义谓之"训"，用今语解释古词语谓之"诂"，清儒将这门解释古书中词语意义的学问发挥到极致。清儒多走从字义明经义的理路，如戴震（1724—1777）所说：

* 本文为教育部哲学社会科学重大课题攻关项目结题报告《近代汉字术语的生成演变与中西日文化互动研究》导论。本课题成果2016年12月由经济科学出版社出版。

经之至者道也，所以明道者其词也，所以成词者字也。由字以通其词，由词以通其道。(《与是仲明论学书》)

本课题循"由词通道"之理路，以术语为窗口考析近代中西日文化的互动，"辨章学术，考镜源流"，由字词分析进入概念分析，再进入历史情景和形上之理的分析，使语义辨析更多地赋予现代语用性与思辨性，较之偏重古典语义的训诂学，其探讨领域更广，包括字音、字形与意义的关系、语言与思维的关系、语义构成的因素、语义演变的法则等都在研讨范围。

我们的研究既然与"意义"发生关系，也就必然与历史及文化相交织，因为"意义"深藏在历史与文化之中。本项研究从个案考察入手，进而在综合论析上用力，试图从历史的纵深度和文化的广延度，考析词语及其包蕴的概念生成与演化的规律。陈寅恪有"凡解释一字，即是作一部文化史"的名论，探讨时下通用的关键词的演绎历程，其意趣并不止于语言文字的考辨，透过运动着的语言文字这扇窗口，我们看到的是历史文化的壮阔场景，故这种考辨展开的将是婀娜多姿的文化史。

中国文化的近代转换，标志之一是学术分科体系的形成。[1] 晚清以降，随着西力东渐的扩展，"格致学"（自然科学）诸科自输入后迅速生长，成为重要的学科门类；另一方面，中国固有的经学、史学等分化、

1　对此，顾颉刚（1893—1980）认为"中国的学问是向来只有一尊观念而没有分科观念的"，"旧时士大夫之学，动称经史辞章。此其所谓统系乃经籍之统系，非科学之统系也"。（参见顾颉刚《古史辨》第 1 册《自序》，上海古籍出版社 1982 年版，第 29、31 页。）黄远生（1885—1915）作《晚周汉魏文钞序》，将"分科"作为区别中西学术的主要因素："古无分业之说，其思想论辨不由名学，故常以一科之学，包举万类。欧洲古代学者，举一切物理、心理、政治、道德之理论，悉归之于哲学。吾国自古亦以一切学问，纳之于文。其分合异同之迹，盖难言之。"（黄远庸《远生遗著》卷四，沈云龙编《袁世凯史料汇刊续编》本，文海出版社 1966 年版，第 182 页。该文曾发表于《国民公报》，为梁漱溟编《晚周汉魏文钞》所作序文，梁书编于 1915 年 9 月。）唐君毅从另一个角度揭示中西学术的不同："然在中土，则所谓文化之各领域素未截然划分，此于中国图书分类之不能按照西方分类法即已得其证。中国传统之书籍分类，如七略四部之分，均以书籍体例分，而不以学术之对象属于何类文化领域分。而此中尤以哲学文学中之分划为难。集部之非同文学，如子部之非同为哲学。而经史二部正治哲学文学者所同读。"（唐君毅《中国哲学与中国文学之关系》，《中西哲学思想之比较研究集》，《民国丛书》第 1 编第 5 册影正中书局 1947 年版，第 195 页。）

重组，形成文学、历史、哲学等科，实现了由传统学术向近代学术的转换。清末外交家薛福成（1838—1894）是较早对学术分科加以介绍并做出肯定性评价的中国士人。他 1889 年任"出使英、法、义（意大利）、比四国大臣"，对欧洲各国学术分科发展留下深刻印象，他发现，与中国官员"若谓工其艺者即无所不能，究其极乃一无所能"大相径庭，欧洲各国担任外交、军事等官职者，"数十年不改其用焉"，"数十年不变其术焉"。薛氏进而评论说：

> 他如或娴工程，或精会计，或谙法律，或究牧矿，皆倚厥专长，各尽其用，不相挽也，不相挠也。士之所研，则有算学、化学、电学、光学、声学、天学、地学，及一切格致之学，而一学之中，又往往分为数十百种，至累世莫殚其业。工之所习，则有攻金攻木攻石攻皮攻骨角攻毛羽及设色抟埴，而一艺之中，又往往分为数十百种。[1]

1　薛福成《庸庵海外文编》卷三，《续修四库全书》第 1562 册影光绪刻《庸庵全集》本，第 23—24 页。

正所谓"各有专家，而不相侵焉"。与这种分科之学充分发展相为表里，义位明确、具有特指性的各学科的术语层出不穷。反之，由于中国传统学术尚处在综合状态，学科分野不明晰，故术语不发达。章太炎（1869—1936）将汉语、汉文视作"国粹"之首，所以对外来词颇有保留，但他在比较中西语文之短长后，发现"汉土所阙者在术语"，"欧洲所完者在术语"，故认为有必要创制汉字新术语。鉴于汉字造词能力强，章氏又指出："汉文既有孳乳渐多之用，术语虽阙，得絣集数字以成名，无所为病。"对于用汉字组创新术语充满信心。章士钊（1881—1973）也强调"翻译名义"（译名问题）的重要性，他认为：

> 国于今日，非使其民具有世界之常识，诚不足以图存；而今世界之学术，什九非前代所有，其表示思想之术语，则并此思想亦为前代人所未尝梦见者，比比然也。

这就将新术语的创译提到救亡图存的高度。

随着学科的分途发展，义位明确、具有特指性的相关术语如雨后春笋般涌现。在现代英、法、德、俄等语种的全部词汇中，术语的数量早已超过半数，而且还在与日俱增。16世纪以降，随着欧洲的殖民扩张和世界统一市场的建立，欧洲近代文化，连同其术语也传播到世界各地，其他地域的民族与国家，或被动或主动地接受来自欧洲的近代术语系统，并结合自身语文特征，逐渐有所创发，其语文天地呈现古与今、内与外既相冲突又相融会的纷繁多姿状貌。这在中国为主体的汉字文化圈演绎得尤为精彩。

近代新术语的流行，在某种程度上得力于借词在近现代的广泛展开。"借词"是英语loanword的直译，又称"外来语""外来词""外来概念词"。陈望道在《文法革新问题答客问》中指出，语言分"内发语"和"外来语"，前者是"本地自造的"，后者是"从外路输入的。引线是外路的新知识、新事物、新势力的输入。……外来语也是新文化之一"[1]。狭义的外来语仅指音译词[2]，本文所论近代中西日文化互动过程中生成的术语，既包括音译词，又包含意译词和音意

---

1 《学术杂志》1940年3月第2辑。
2 参见高名凯、刘正埮中的相关论述，见《现代汉语外来词研究》，文字改革出版社1958年版，第3、9页。

合璧译词。借词以新词语的形式进入借方语言中，增加借方语言数量，丰富借方语言表现力，是语言作跨文化渗透的典型表现。借词通过翻译得以实现，而翻译的实质是以两种不同的语言表达同一思想，其任务主要是再现原文的思想，而不一定重演原文的语音。从此一意义言之，"借词"理应包括意译词和音意合璧词。而且，从汉语借词实际看，虽然也有音译，但更多采用意译和音意合璧译词，这是由汉字的表意性所决定的。每一个汉字不仅是一个音符，同时还具有特定的义位。意译词能发挥汉字特有的表意性，昭示其文化内蕴；连音译也往往择取音意兼顾的汉字组合成词，在表音的同时，提供某种意义的暗示，如"逻辑""奔驰""黑客""迷你裙""托福"之类。严复在音译 utopia 时，取"乌托邦"三字，在谐音之外，又可从这三个汉字中产生"乌有寄托之乡"的联想，以引出"空想主义"的意蕴。

通过借词以创制新语，是一种普遍的社会语言现象。王国维在《论新学语之输入》中指出，随着社会生活中新事物、新思想的层出不穷，各个时代都有语不足用，需要借取外来词的情形：

> 周秦之语言，至翻译佛典之时代而苦其不
> 足；近世之言语，至翻译西籍时而又苦其不足。
> ……处今日而讲学，已有不能不增新语之势；而
> 人既造之，我沿用之，其势无便于此者矣。[1]

当代语言学家陈原也论及借词的必然性：

> 任何一种有生命力的语言，它不怕同别的语
> 言接触，它向别的语言借用一些它本来没有，而
> 社会生活的发展要求它非有不可的语汇，与此同
> 时，不可避免的是别的语言也向它借用某些同样
> 需要的语汇。一方面是借入，一方面是出借……[2]

在社会转型时代，随着外来事物及思想的大规模入
华，词语的"借入"尤为频繁。

甲午战争以后，日制汉字新术语开始大量涌入
中国。清民之际入华日源汉字新语，有音译词（瓦
斯、俱乐部等），日本训读词（入口、手续等），日本
国字（腺、膣等），日本语译语（基于、对于等）。更
重要的是下列两类：一为将中国古典词原义放大、缩

---

1 《教育世界》第 96 期，1905 年 4 月。
2 陈原：《社会语言学》，学林出版社 1983 年版，第 287 页。

小、改造，以对译西洋概念，如悲观、标本、博士、参观、大气、代表、单位、发明、反对、范畴、现象、革命、共和、左翼、右翼、讲师、教授等。以"现象"为例，本为汉译佛语，义为佛、菩萨现出化身，日本哲学家西周（1829—1897）的《人世三宝说》（1875）在"现象"词形中注入新义，成为与"本质"对应的哲学术语。二为运用汉字造字法创制新词，以对译西洋术语，如暗示、霸权、饱和、悲剧、宠儿、低调、公仆、哲学、美学、战线等。其中"哲学"也是西周创制，对译英语 philosophy（爱智之学），准确而且简练，此译名一出，逐渐取代以前诸译名，如理学、形上学、玄学等。

需要指出的是，清民之际从日本入华的汉字新语，有些本是此前从中国出口到日本的汉译西书拟订的，如权利、立法、公法、选举、植物学、物理学、热带、温带、冷带、寒流、暖流、细胞等，由于西学在幕末—明治日本远比同期中国受重视，这些在中国未获流布的术语，在日本被广泛使用，清末民初留日学生及"亡命客"便把它们当作"日制汉字词"输入中国。其实，这并非"日词来华"，而是"侨词来归"；并非"新语翩至"，而是"旧词复兴"。直至20世纪晚期，中国出版的多种外来语词典仍把它们视作"日源外来词"。从语源学角度来说，应当恢复这类词语"回归侨词"的身份，并辨析回归前后的因革情形。

概念、范畴的演变，是人类思想更革的表征，反映了知识总量的扩大和认识过程的迁衍、深化。然而，由于概念古今转换、中外对接牵涉文化的时代性迁衍与民族性交织，情形错综复杂，概念与指称之间的误植也时有发生。古典汉字词在转变为新术语之后，既与古汉语义毫不搭界，也不切合对译词的西义，又无法从汉字词的词形推导出新的词义来，也即新词义不仅与旧词义完全脱钩，也与词形毫无关涉，其新义全然是外在强加的，便是一种"误植词"。陶履恭（1887—1960）指出：

> 世人用语，率皆转相仿效，而于用语之真义反漫然不察。物质界之名词，每有实物可稽寻，世人用之，或能无悖词旨，鲜支离妄诞之弊。独进至于抽象之名词，无形体之可依托，而又非仅

依吾人官觉所能理会。设转相沿袭，不假思索，非全失原语之真义，即被以新旨，而非原语之所诂，此必然之势也。[1]

鉴于此，有学者指出，20世纪以来中国对西方哲学研究虽有成就，但在理解中也出现一系列文化错位，即用本民族传统理念去扭曲和附会西哲的理论和概念，诸如"理性"概念的误读，"科学"的实用化，"辩证法"的降级诠释，"实践"概念的变形，"自由"概念的附会，等等。[2] 其他学科也有类似情况发生。

概念意译过程中旧名衍为新名导致某种程度的文化错位，还可列举一些典型例证：一如"经济"，旧名本义"经世济民""经邦济国"，意近政治，而在对译 economy 时形成的新名"经济"，含义转为国民生产、消费、分配、交换之总和，兼指节约、俭省，与本义脱钩，新义又无法从"经济"词形推衍出来。[3] 再

1　陶履恭：《社会》，《新青年》第3卷第2号，1917年4月1日。

2　参见邓晓芒《中国百年西方哲学研究中的十大文化错位》，《世界哲学》2002年增刊。

3　参见冯天瑜《中日西语文互动与"经济"概念的变迁》（日文），载（日）国际日本文化研究中心编《日本研究》2005年第31期。

如新名"形而上学"，是借《周易》"形而上者谓之道"一语对译 metaphysics 时形成的，此新名之一义"超验哲理"，与旧名本义方向相切合；但后来衍生的反辩证法的"静止论""机械论""外因论"诸义，则全然背离旧名本义指示的方向，也超出了旧名"形而上"词形提供的意义空间。[1] 至于我们早已"日用而不辨"的史学术语"封建"，在新旧名更替之际，其概念误植尤显突出，造成的后果也较为严重。[2]

术语概念误植带来的不良后果，常会超越语言学范围而直达思想文化层面。美国汉学家费正清编《剑桥中华民国史》指出，某些西方概念汉译后，往往发生变异，如 individualism 是欧洲启蒙运动后表述人权和尊重个性的褒义词，译成汉语"个人主义"，则演化为"利己""自私"的同义语，基本上成了贬义词。此外，如"自由主义""权利"等译词，也有从英语原

---

1 参见冯天瑜《汉字术语近代转换过程中误植现象辨析：以"经济""封建""形而上学"为例》，载《中日学者中国学论文集》，复旦大学出版社 2006 年版。

2 参见冯天瑜《"封建"考论》修订版，中国社会科学出版社 2010 年。

来的褒义转变为汉语词贬义的情形。这表明，异文化的通约殊非易事。而如果术语不能通约，异文化的互动则会陷入困境。正因如此，更有必要指明术语概念误植的问题所在，揭示其在古今中外语文坐标系上于何处发生偏差，在哪里出现脱轨，以引起相关学科疗救的注意。

20世纪70—80年代，原籍巴勒斯坦、长期任教美国哥伦比亚大学的爱德华·萨义德（1935—2003）在《东方学》（王宇根中译本，1999年北京三联书店出版）、《文化与帝国主义》（蔡源林中译本，2001年台湾立绪公司出版）等论著中，提出"后殖民话语"问题，并在这一框架内探讨思想及词汇的"旅行理论"。作为生活在西方的东方裔知识分子，萨义德对思想及词汇的"跨文化旅行"有着敏锐的感受，他在《世界·文本·批评家》中将这种"旅行"分为四阶段：

（1）出发点，在那里思想得以降生或进入话语；

（2）通过各种语境压力，思想进入另一种时间和空间，从而获得新的重要性；

（3）在那里遇到接受条件或抵抗条件，使思想的引进成为可能；

（4）被接纳（或吸收）的思想，由新的用法及其在新的时空位置所改变。

近代术语在从原产地（欧美）、中介地（中国或日本）到受容地（日本或中国）的漫长周游中，也经历着类似萨义德所说的"思想及语言旅行"的几个阶段，在中介地和受容地遭遇接受条件或抵抗条件，获得"新的重要性"和"新的用法"，成为汉字文化圈词汇的新成员，故被称之为"新学语"（简称"新语"）。王国维 1905 年曾将"新语之输入"称之近代最显著的文化现象，认为"新思想之输入，即新言语输入之意味"。百年过去，王先生高度肯认的"新语之输入"有增无已，而诸如"科学、民主、自由、经济、文学、艺术、封建、资本、教育、新闻、物理、化学、心理、社会、革命、共和、政党、阶级、权利、生产力、世界观、社会主义、知识分子"等许多关键词的确立，都是在古今演绎、中外对接的语用过程中实现的。这些充当诸学科关键词的汉字新语，词形和词意大都受到中国因素和西方因素的双重影响，日本因素也参与其间。故追溯汉字新语的源流，考察作为现代人思维纽结的新概念的生成机制、发展规律，将展开中—西—日文化三边互动的复杂图景。

本课题分上下两编展开——

上编考察近代术语的文献载体，包括明末清初汉文西书（利玛窦《坤舆万国全图》，利玛窦、徐光启《几何原本》等），早期英汉词典（马礼逊《华英字典》，卢公明《英华萃林韵府》等），清末教科书（来华西洋人编教科书、国人编教科书），清末民初期刊（《万国公报》《申报》等）。

下编考察诸学科术语群，包括哲学术语、文学术语、政治术语、经济术语、教育学—心理学术语、新闻术语、民俗—民俗学术语、数学—化学术语。

通过以上具体而微的考析，探视近代概念的古与今、中与外网状进路（并非单线直进）。当下中国，随着社会及文化现代转型的深度展开，正进入一个概念嬗变的新阶段，这包蕴着对传统语义的深度开掘与对外来语义的广泛吸纳，而二者间的互动将达成古与今、中与外语义的涵化。透过对近代汉字术语生成与中西日文化互动前史的真切把握，或许可以获得指引未来去向的航标。

"历史文化语义学"

由武汉大学中国传统文化研究中心与日本的国际日本文化研究中心联合主办的"历史文化语义学"国际学术研讨会，在山色空蒙的武昌东湖之滨开幕。我谨代表会议主办单位，向与会的海内外学界朋友表示诚挚的欢迎。

2004年9月至2005年8月，本人应日本重要的文化研究机构——国际日本文化研究中心之聘，主持"关于近代东亚二字熟语概念生成的综合研究"，邀请在日本的中国、日本、韩国学者十余名组成研究组，每一至两个月举行一次研讨会。2005年8月26—29日，在日本京都举行"东亚诸概念的成立"国际学术会议，来自中国、日本、韩国、欧美的学者，从历史的、文化的视角，对近代诸概念的生成、演变展开卓有成效的讨论。时过一年半，在新的研习基础上在武汉召开的"历史文化语义学"国际研讨会，是京都会议的继续与拓展。《语义的文化变迁》为上述两次国际学术会议论文的精选结集，另有数篇采纳于两次会议之外。人类被称为"语言动物"。语言是在人类历史中形成的文化现象，故语言从来与历史及文化脱不开干系。而在构成语言的语音、语法、语义三要素中，语义的历史性和文化性又最为深厚。我们的研讨会，题旨为"历史文化语义学"。"语义学"是研究词语意义的学问，我国传统称"训诂学"。用通俗的话解释词义谓之"训"，用今语解释古词语谓之"诂"，清儒将这门解释古书中词语意义的学问发挥到极致。我们今天研习的"语义学"，承袭训诂学"辨章学术，考镜源流"的传统，又赋予现代语用性与思辨性，较之偏重古典语义的训诂学，其探讨领域更为深广，包括字音、字形与意义的关系，语言与思维的关系，语义构成的因素，语义演变的法则等都在其研讨范围。而这种研究既然与"意义"发生关系，也就必然与历史及文化相交织，因为"意义"深藏在历史与文化之中。参加本次研讨会的学者多由个案考察入手，也有的在综合论析上用力，都试图从历史的纵深度和文化的广延度考析词语及其包蕴的概念生成与演化的规律。陈寅恪"凡解释一字，即是作一部文化史"的名论，昭示了"历史文化语义学"的精义。我们探讨时下通用的关键词的演绎历程，其意趣并不止于语言文字的考辨，透过运动着的语言文字这扇窗口，我们看到的是历史文化的壮阔场景，故这种考辨展开的将是婀娜多姿的文化史。这一艰巨而饶有兴味的工作，显然需要多学科的学者联手共进，相得益彰，绝非仅属某一单科的禁域。这次我们相聚武汉，便是多学科学者共商"历史文化语义"生成及演化的一次盛会。

语言三要素中，语义与历史进程联系最为密切，因而最富于变异性。语义的与时偕变，在近现代转型期表现得尤其繁复和显著。人类社会从中古走向近现代，经历着一个从农本到重商、从分散到整体的发展过程，伴随世界统一市场及世界文化的逐步形成，各民族、各国度之间交往（包括物质交往、精神交往、语言交往）的广度与深度，以空前的规模展开。这种交往的主要动力源，曾经是率先产生资本主义的西欧、北美（合称西方）。西方借助创造工业文明获得的优势，用商品、资本、武力等物质力量征服异域，并将西方精神传播全球。作为西方物质文明、精神文明表达工具的西方词汇，特别是作为近代诸学科发展产物的西方术语，随之流布天涯海角，形成覆盖世界的"西方话语霸权"，非西方民族与国家对此做出既拒且迎的双重反应。汉语汉文是有着深厚历史积淀、独树一帜的语文，在迎受西方语汇的过程中，虽然有过"深闭固拒"的表现，但大势则是"兼收并蓄"，在收、蓄间又呈现十分错综的状貌，仅以对外来概念的译述方式而言，不仅有音译（"逻辑""布尔乔亚"之类），还更多地采用意译（与前引音译词对应的意译为"论理学""资产阶级"）。音译不会引起词义错位，却也未能给译词提供意义支撑，其含义只能在词形以外另加注入；意译则借助汉字的表意性，由词形透露词意（所谓"望文生义"），为熟悉汉字文化的人们所乐于采用。意译方式除创制新词（如"哲学""美术""体育"等）对译外来词外，更多地是以汉字古典词（如"革命""共和""科学""封建"等）作为"格义"工具，通过借用并引申古典语义，表述外来概念，这就将渊深宏富的中国传统文化注入今用译词，同时也导致异文化交接间的矛盾，构成复杂的古与今、中与外的概念纠结与融会问题。

在由中国、日本、朝鲜、越南等国组成的汉字文化圈（朝、越文字近代改革后已脱离汉字文化圈），词语的跨文化旅行古已有之，主潮是从文化高势位输往文化低势位，如古代中国语汇曾大量进入日本；至近代，词语的跨文化旅行方向逆转，明治维新后的日本译述西学有成，大批日制汉字新词涌入中国，若干新概念主要沿着"西—日—中"路径传递。这种概念的对接与转换，颇有成功之作，恩惠后人多矣；但在对接时如果忽略了异语文在背景、内容及表达方式上的差别，轻率类比、妄加附会，也可能留下败笔，贻误广远（"封建"的滥用即为一例）。诸如此类纷繁多致的语文演绎状态及其所包蕴的丰富的历史文化内涵，正是历史文化语义学所要着力研讨的对象。

20 世纪 70—80 年代，原籍巴勒斯坦、长期任教美国哥伦比亚大学的爱德华·萨义德（1935—2003）在《东方学》(王宇根中译本，1999 年北京三联书店版)、《文化与帝国主义》(蔡源林中译本，2001 年台湾立绪公司版）等论著中，提出"后殖民话语"问题，并在这一框架内探讨思想及词汇的"旅行理论"。作为生活在西方的东方裔知识分子，萨义德对思想及词汇的"跨文化旅行"有着敏锐的感受，他在《世界·文本·批评家》中将这种"旅行"分为四阶段：

一、出发点，在那里思想得以降生或进入话语；

二、通过各种语境压力，思想进入另一种时间和空间，从而获得新的重要性；

三、在那里遇到接受条件或抵抗条件，使思想的引进成为可能；

四、被接纳（或吸收）的思想，由新的用法及其在新的时空位置所改变。

近代术语在从原产地（欧美）、中介地（中国或日本）到受容地（日本或中国）的漫长周游中，经历着类似萨义德所说的"思想及语言旅行"的几个阶段，在中介地和受容地遭遇接受条件或抵抗条件，获得"新的重要性"和"新的用法"，成为汉字文化圈词汇的新成员，故被称之为"新学语"（简称"新语")。王国维 1905 年曾将"新语之输入"称之近代最显著的文化现象，认为"新思想之输入，即新言语输入之意味"。百年过去，王先生高度肯认的"新语之输入"有增无已，而诸如"科学、民主、自由、经济、文学、艺术、封建、资本、教育、新闻、物理、化学、心理、社会、革命、共和、政党、阶级、权利、生产力、世界观、社会主义、知识分子"等许多关键词的确立，都是在古今演绎、中外对接的语用过程中实现的。这些充当诸学科关键词的汉字新语，词形和词意大都受到中国因素和西方因素的双重影响，日本因素也参与其间。故追溯汉字新语的源流，考察作为现代人思维纽结的新概念的生成机制、发展规律，将展开中—西—日文化三边互动的复杂图景，彰显近现代思想文化的网络状（并非单线直进）历程。"历史文化语义学"正从这里展开其曲折有致、绚烂多彩的英姿。

当下的中国，随着社会及文化现代转型的展开，正进入一个概念嬗变的新阶段，这包蕴着对传统语义的深度开掘与对外来语义的广泛吸纳，而二者间的互动，将达成古与今、中与外语义的涵化，其间的理论

问题与实践问题，有待我们深入研究。期待着我们的
会议展开富于创识的讨论，加深学者间的友谊与合
作，以推动历史文化语义学的进步。

2006 年 10 月 16 日于武汉大学

中日语文互动平议

一、"日语新词"辨析

言及"借词"及中外语文涵化，必须讨论此间的一项大宗——中日语文互动。

中日同属汉字文化圈。古代的汉语词汇流向是中→日，近代前期仍为中→日，近代后期转为日→中。日词入华主要发生在清末民初（1896—1919），这批打上日本印记的汉字新名的产生及向中国传播，呈现复杂状态，须作细致辨析，切忌大而化之，作极端之论。

（一）"日本新词"归类

1894—1895年爆发中日甲午战争，中方惨败，促国人"大梦初醒",决计向强敌学习。自 1896 年开始派遣青年学子赴日,研习日本人消化过的西学,此后十余年渐成留学东洋高潮。经中日两国人上的努力,尤其是数以万计的中国留日学生和少数"亡命客"(梁启超等以此自名)的转输,汉字新名从日本大量涌入中国。[1]

康有为 1897 年撰成的《日本书目志》,收录日制学名(经济学、伦理学、人类学、哲学、美学、国学等)和绷带、方针、手续等新词,一时朝野注目。顾燮光《译书经眼录》统计,1901—1904 年中国翻译出版外籍 533 种,其中英籍 55 种,美籍 55 种,法籍 15 种,德籍 25 种,俄籍 4 种,日籍高达 321 种。日籍在入华外籍中占比过半,是"日本新词"入华的重要载体。

清民之际从日本入华的汉字新名,有如下几类:

1　关于晚清日本汉字新名词进入中国的途径及一般情况,介绍文章甚多,可参见黄兴涛《日本人与"和制"汉字新词在晚清中国的传播》,《寻根》2006 年第 4 期;《新名词的政治文化史——康有为与日本新名词关系之研究》,《新史学》第 3 卷,北京:中华书局,2009 年,第 100—129 页。

（1）音译词（瓦斯、俱乐部等）。

（2）日本训读词（入口、手续等）。

（3）日本国字（腺、膣等）。

（4）日文译语（基于、对于等）。

（5）将中国古典词原义放大、缩小或转义，以对译西洋概念。以"现象"为例，本为汉译佛语，义为佛、菩萨现出化身，日本哲学家西周（1829—1897）的《人世三宝说》（1875）在"现象"词形中注入新义，成为与"本质"对应的哲学术语。文明、革命、共和、科学、政治、教育均属此类。

（6）依凭汉字古典语素，运用汉字造词法创制新词（哲学、美学、体操、元素、统计、干部等），以对译西洋术语。

（二）日源词在汉语新名中占比辨析

时下流行一种说法：近代中国所用新名词"七成"来自日本（还有著名讲手称，二字新名"全都"来自日本），舍去"日源词"，中国人便难以说话作文。此议颇耸动视听，故需考量，以明底里。

讨论此题，先须明确两个前提。

第一，日本两千年来从中国进口包括汉字词在内的汉字文化（日语实词多为来自中国的汉字词），此无须赘述。但这一历史背景是讨论中日语文互动问题的基本出发点，明治维新以降涌现的大量日制"新汉语"，并没有脱离汉字文化轨道，而是在对译西语时的汉语衍生物，它们或者直接借用汉字词，或者利用古典汉字作语素，按汉语构词法组建新的汉字词。这些新名不宜统称"日源"，它们多为有所改造的古典汉字词回归故里。

第二，笼统讲近代[1]是日本向中国输出汉字新名，也失之粗疏，须加辨正。若将近代作早期与晚期区分，便会发现：近代早期（中国明清之际及清中叶，日本江户幕府中后期及明治初期），西学及其汉译新名传播方向的主流，是"中国→日本"；至近代晚期，日本因明治维新成功，研习西学的水平超越中国，西学（包括汉译新名）传播方向的主流，方转为"日本→中国"，但"中国→日本"的流向亦未终止，黄遵

1　本书使用"近代"一词，采用世界史通义：从15—16世纪之交大航海为开端，17世纪欧洲科学革命、18世纪工业革命以降，世界逐渐由分散走向整体，从中古进入近代。

宪、吴汝纶等中国士人于 19 世纪末叶访日，仍被日本人尊为学习汉字文化的师长，崇敬如仪。日本人此际译制汉字新名还不断求教于中国。（本书后文将具体论及）

日制汉字新名在清末民初二十余年间涌入中国，张之洞称"日本名词"，林琴南称"东人之新名词"，刘半农称"东洋派之新名词"，20 世纪 50 年代语言学者称其为"日语借词"。[1] 这些借词在近代中国影响甚大，但在新名中所占比例，不能信口言说，而须诉诸具体统计。

甲，刘正埮、高名凯、麦永乾、史有为编《汉语外来词词典》（上海辞书出版社 1984 年版）收录古今汉语外来词万余条，内有八百多个日本汉字借词（日本汉学家实藤惠秀著《中国人留学日本史》的统计数为 844 条），这仅占汉语外来词一成左右，在近代新名中占比二成；岑麒祥编《汉语外来语词典》（商务印书馆 1990 年版）收录汉语外来词 4370 条，日本汉字借词占比略同前书。日本成城大学教授陈力卫对日源

1　董炳月：《"同文"的现代转换——日语借词中的思想与文学》，北京：昆仑出版社，2012 年，第 3—6 页。

词在近代新名中所占比例作统计，大约在二成，占比最高的政治、法律、经济类的日语借词达三成多。[1] 另有中国学者及日本、欧洲汉学家作过类似统计，其结果都证明"七成"说、"多半"说不能成立。

乙，对《汉语外来词词典》《中国人留学日本史》所列八百多个"日本借词"略加辨析，便会发现，有将近两百个是中国文献固有的，约五百个是赋予中国古典词新义或借用明清中国翻译西洋概念创制的汉字词，真正的日制汉字新词仅百个左右。有学人对《新青年》(1915—1926) 抽取中日同形二字词 2912个，发现 2165 个有古汉语出典，皆为近代以前日本从中国引进；179 个有古汉语出典而产生新义（如中学、指数、主席、主义等）；420 个无典（没有汉语出典，如闭幕、本能、党员等）。[2] 这一典型案例分析证明，近代新名多半来自日本（甚至高达七成）的说法不实。三字词（如生产力、共产党）、四字词（如

1　陈力卫：《东往东来：近代中日之间的语词概念》，北京：社会科学文献出版社，2019 年，第 475 页、第 477 页。
2　见张莉：《〈新青年〉(1915—1926) 中的日语借词研究》（北京外国语大学 2017 年博士论文）。

社会主义、阶级斗争）中，日语借词比例较大，也不足三成，且其语素多取自中华古典，如四字词"主要人物、现实主义、经验主义"虽为日制词，但其词素"主要""人物"，"现实""经验""主义"仍取自中华古典。

指出"七成"说的夸张性，并非要给"词汇民族主义"张目，不是为了证明"老子先前比你阔"，而是要排除"老子天下第一"和"数典忘祖"两种极端，复归汉字文化史的实态。只有在历史实态的基础上，讨论才有真切的意义。

（三）"七成"说何以流行

夸张的"七成"说、"近代新名多半来自日本"说流行一时，原因有二：

（1）数典忘祖。（2）轻忽自身的文化新创。

前已述（1），此不另。现对（2）稍作介绍。

钱学森曾指出，现代中国人的发明创造往往是在外国得到肯定之后，吾国才予以承认。此说值得我们反思——对自己的文化实绩不加珍惜、利用，这一由来已久的毛病必须疗治。

明末清初及清中叶由中外人士合作著译的汉文西书，曾走在非欧各国前列，而明清以至近代国人于此木然，往往忘却，倒是西方汉学家指出：

第一部西方几何学教科书于 1607 年、第一部天文学论著于 1614 年在中国印行。从 1584 年起，无疑是受奥尔特利尤斯地图（1570）启发的一幅世界地图在中国石印……

中国在近代曾是欧洲之外第一个接受西方科学成果的伟大文明古国。无论印度还是日本的第一批起源于西方的著作，均自中国传去并很快遭废禁。[1]

同此，19 世纪中叶"开眼看世界"的中国人（林则徐、魏源、徐继畬等人及京师同文馆、江南制造局翻译馆）对西学的编纂评介，在当时的东亚也堪称先进，幕末明初日本曾大量采借。

然而，由于制度性缺陷，明清朝野皆轻视本国人新进的文化成果，或将其束之高阁，甚或加以排斥压

---

1 〔法〕安田朴、谢和耐等著，耿昇译：《明清间入华耶稣会士和中西文化交流》，成都：巴蜀书社，1993 年，第 67 页、第 68 页。

抑（典型事例：如魏源 19 世纪中叶所撰《海国图志》在自国受冷落，又如黄遵宪 19 世纪 80 年代成书的介绍明治维新的《日本国志》，被总理衙门搁置十年，致使甲午战争时中方因不了解强敌日本而惨败）。

就明末清初和清代中叶在中国涌现的大批学术新名而言，在自国遭到轻忽，极少流传，大多湮没，百年之间朝野对其基本失忆。如明末即已入华的"地球"说，至清中叶被视为奇谈妄论，社会上流行的仍为"天圆地方"说、"华夏中心"说；明末编纂出版的《万国舆图》《职方外纪》早已介绍五大洲、四大洋等世界地理知识，两百余年后清廷竟全然忘却，以至1839—1840 年英国军舰打上门来，道光皇帝竟不知英吉利地处何方，慌忙打听英俄是否接壤，并对英国有女王惊讶万分。恰成比照，西学在幕末—明治日本广受重视，明清中国未获流布的反映西学的新名，在近世（江户时期）和近代（明治时期）日本普遍使用，又经其消化、改造，以之对译西语，形成新名学科系统，并于清末民初伴随日本教科书、工具书、日译西书、新闻媒体输入中土，未究底里的中国人将其一概当作日制汉字词，"好奇者滥用之，泥古者唾弃之"

（王国维评语）。

仅从近代新名的创制与传播这一侧面而言，轻忽国人自创的教训沉重，吾辈应当记取！

二、"新名"来路考略

前述日本"新汉语"，少数为日本新创（语素仍来自汉字文化系统，构词法亦袭自中华），成词量占日本"新汉语"主体的则直接利用汉语古典词。因这些古典词在中国罕用，往往被误作"日源"。不少被认作"日源"的汉字新名，其实另有来历，大约有如下几类。

（一）源出中华古典

清民之际被认作是从日本入华的大批汉字新名（如自由、社会、科学、法律、文学、史学、历史、陆军、方法、卫生、小说、机器、石油、参观、代表、单位、发明、反对、范畴、革命、共和、讲师、教授、博士、标本、规则、传播、数学、物理、解剖等），究其原本，皆来自中国古典词库，是晋唐宋明以降从中国传至日本，近代经日本改造后作为西学译名"逆输入"中国的，不当以"日源词"视之。

近代日本利用中国古典词汇译介西学术语，著名者还有多例——出自《庄子·齐物论》的"宇宙"，出自《后汉书·党锢传序》的"理性"，出自《楚辞·远游》的"想像"，出自《孟子·公孙丑上》的"具体"，出自《左传·昭公二十年》的"分配"，出自《史记·殷本纪》的"行政"，出自《颜氏家训·勉学》的"农民"，出自《史记·李牧列传》的"间谍"，出自《宣和画谱》的"布景"，等等。

上述列举之词语源于中国古典，近代日本人借以翻译西方术语时，与来自西学的概念彼此格义。由于汉字具有较大活性，可以作范围宽广的诠释和引申，从而为古意向新意转化提供可能性。

近代日本人在译介西学概念（特别是宗教、哲学、伦理类概念）时，还曾大量借用汉译佛词，如"世界""唯心""相对""绝对""真理""实体"等。再如"律师"一词借自《涅槃经·金刚身品》，佛典称善解戒律的僧人为"律师"，指善于解说法律条文者，颇为传神。他如以"作用"译 action，以"意识"译 consciousness，以"平等"译 equality，以"未来"译 future，以"观念"译 idea，以"过去"译 past，以"现在"译 present，以"自觉"译 apperception，以"化身"译 avatar，以"功德"译 beneficence，以"世界"译 cosmos，以"魔鬼"译 demon，以"妄念"译 delusion，以"果报"译 effect，以"地狱"译 hell，以"外道"译 heresy，以"慈悲"译 grace，以"摩诃衍"译 mahayana（大乘），以"轮回"译 metempsychosis（或 transmigration），以"涅槃"译 nirvana，以"真如"译 reality，以"三昧"译 samadhi。以汉译佛词翻译西洋术语，可以说是"多重翻译"，词语在"印—中—日—西"四方传递、转换，最后定格新义，在汉字文化圈的日中两国的语文系统中流行，渐被大众所熟用。

上述现代使用的关键词，都经历了"中—西—日"或"印—中—日—西"之间的流转与变迁，古汉语义、梵语义、西语义及日语义相综汇，笼统称之"日源词"是不妥当的。称其为"古典翻新"或"侨词来归"，较近实态。

（二）来自在华编译、出版的汉文西书

今日通用的一批反映近代学科概念的汉字新名

（科技类：植物学、物理学、医学、力学、地球、热带、温带、冷带、南极、南极圈、经线、纬线、寒流、暖流、细胞、比例、大气、飞机、铁路、钢笔等。人文类：真理、公理、定理、记者等。法政类：权利、立法、公法、选举、国会、法院等），曾被误以为是"日源词"，实则非也。它们是在明清之际和清中后叶这两个时段，由西方传教士与中国士人合作，以"西译中述"（西方人口译，中国人笔述）方式在中国创制的，先后于江户中后期和明治前中期传至日本，其载籍均在中国刊印，笔者将其命名"早期汉文西书"（明清之际成书）与"晚期汉文西书"（清中末叶成书）。[1] 将这批汉字新名称"日源词"很不恰当。这里有必要回顾历史实际——

16、17 世纪之交，欧洲传教士偕西洋早期近代文化东来，对于中国与日本这两个西学东渐目的地，西方人更重视作为东亚文明大国的中国，明末有法国传教士金尼阁（1577—1628）"远来修贡，除方物外有装

---

1 见《近代汉字术语的生成演变与中西日文化互动研究》之上编《载体研究》，北京：经济科学出版社，2016 年，第 7—168 页。

演图书七千余部"[1]入华之说。来华传教士从数量到品级，赴中者明显高于赴日者，明清之际入华的西洋传教士（如利玛窦、艾儒略、南怀仁、熊三拔、汤若望等）学术水平是赴日传教士所不可比拟的，利玛窦们又得中国优秀士人（如徐光启、李之藻、杨廷筠、王徵、方以智等）合作，在相当高的层次上译介西学，编纂、出版330种汉译西书[2]，著名者有《几何原本》《同文算指》《职方外纪》《坤舆图说》《名理探》《西学凡》等，创译大批包含新概念的汉字新名。值得一提的还有金尼阁于明天启五年（1625）翻译《伊索寓言》的选本《况义》，此为汉字文化圈较早译介西方文学名著。

上述为"早期汉文西书"，是日本江户幕府时期研习西学、采用译介西学的汉字新名的一大来源。（当然，日本还通过兰学直接获取西洋学术文化。）

经雍正、乾隆、嘉庆中断百年后，道光、咸丰

1　方豪：《明季西书七千部流入中国考》，《文史杂志》第三卷第一、二期合刊，重庆：中华书局，1944年1月1日，第47页。
2　见徐光启后裔徐宗泽：《明清间耶稣会士译著提要》，上海：中华书局，1949年。

年间中国进入西学东渐新阶段，译介西方概念的汉字
新名大量涌现，英国入华新教传教士马礼逊（1782—
1834）编著世界第一部英汉—汉英对照辞书——
《华英字典》（1815—1823）；德国入华传教士郭士立
（1803—1851）在广州（后迁新加坡）编纂的中文刊
物《东西洋考每月统记传》（1833—1837），伦敦传道
会传教士伟烈亚力（1815—1887）主笔、上海墨海书
馆刊行的月刊《六合丛谈》（1857 年 1 月—1858 年 6
月），先后由韦廉臣、慕维廉、李提摩太主持的广学
会（1887—1956）等，除译介神学外，还大量译介西
史、西政、西技，并于此间创制大量汉字新名。[1]中国
士人李善兰、徐寿等在译介中发挥重要作用。

　　上述"晚期汉文西书"皆被幕末明初日本人广为
采借，并成为其翻译西学的参考。如《东西洋考每月
统记传》译制的汉字新语"公会""国政公会"（简称
"国会"）、"魁首领"（总统）、"拿破戾翁"（拿破仑）、
"华盛顿"、"经纬度"、"新闻"、"新闻纸"（报纸）、

1　详见冯天瑜著：《新语探源——中西日文化互动与近代汉字术语
生成》（北京：中华书局，2004 年）第三章第二节《新教传教士译
介西学》。

"炊气船"（蒸气机推动的轮船）、"驾火蒸车"（火车）、
"气舟"（热气球）等，[1] 皆在日译词之先，并为日本借
取，有的沿用至今。参与《六合丛谈》著译的中外人
士有伟烈亚力、慕维廉、艾约瑟、王韬、蒋敦复、王
利宾等，其翻译方式仍是西译中述，如《西学辑存六
种》署名"西士伟烈亚力口译，长洲王韬笔录"。中
西人士译创了许多科技类、法政类汉字新名（包括四
字成语）。据日本语言学家佐藤亨考析，《六合丛谈》
内的汉字新名，中日有共同出处如医学、意见等六百
余条；中国典籍原有，幕末明初传入日本的如医院、
一定、试验等二百余条；来自中国的早期汉文西书的
如纬度、海峡等六十条。[2] 这一并不完整的统计，足证
19 世纪中叶来自中国的晚期汉译西书对日本语汇的影
响，所谓"日源词"，不少出自此。

入华欧美新教传教士与中国士人合作翻译西书的
高潮在 1860—1895 年，此间正值日本明治维新期间，

---

1 见爱汉者等编，黄时鉴整理：《东西洋考每月统记传》，北京：
中华书局，1997 年。
2 〔日〕佐藤亨：《幕末明治初期语汇的研究》，东京：樱枫社，
1986 年，第 130—160 页。

来自中国的汉译西书是日本研习西学的重要来源，日本学者对此有详论。[1]

我们不可忘却这一历史事实。需要说明者有二：

（1）曾任武汉大学中国传统文化研究中心学术顾问的法兰西院士谢和耐（1921—2018）与笔者在中国和法国两次晤谈，获悉他所称之"近代"，指近代早期（明末清初乃至清中叶），当时中国是欧洲以外研习西学水平最高的国家。故笼统说近代中国学习西方文明借自日本，不甚确切。经大略统计即知：17 世纪译介西学，中国从数量到质量高于日本，汉译西书及其汉字新名大量由中传日。由于罗马教廷和清代朝廷双方的原因，18 世纪西学东渐在中国戛然而止，而日本仍努力奋进，19 世纪初中叶中日译介西学的水平相当，各有短长，但汉译西书及其汉字新名的传播方向，仍是"中国→日本"。直至明治维新以降（19 世纪后期、20 世纪初期），日本接受西方文明，从数量到质量乃至系统性，超越中国，汉译西学及新名的流

1　见〔日〕沼田次郎《西学：现代日本早期的西方科学研究简史》，东京：日本—荷兰学会，1992 年，第 3—7 页、第 147—169 页。

播，发生从"中国→日本"到"日本→中国"的大转
向。

（2）值得一提的是，一些严谨的日本学者否认
16 世纪末以来若干汉字西学术语的"日源"性，指
出它们来自明末和清朝同光年间的汉文西书。略举
一例：笔者在日本爱知大学任教时的同事荒川清秀
（1949—　）长期从事日中语汇互动研究，他著文驳
正中国出版的颇有权威性的《汉语外来词词典》(上
海辞书出版社 1984 年版）的一些误判，如该词典称
"热带"是日源词，而荒川广泛查阅资料，发现明末
入华耶稣会士利玛窦与中国人合作的世界地图上已有
"热带"一词，荒川特撰 250 页稿纸的文章论此，证
明包括"热带"在内的一系列地理类汉字术语来自中
国。荒川教授进而撰著《近代日中学术用语的形成与
传播——以地理用语为中心》(白帝社 1997 年出版），
考订百余个地理、气象类汉字新名，皆系明末中国印
行的汉译西书拟定的新名，幕末传入日本。

一些中国学者和欧美汉学家（如意大利的马西尼
等）做过考订，证明大批汉字科技类、法政类新语本
为"中源"，幕末明治间传入日本，又于 19、20 世纪

之交"逆输入"中国。[1]

1864 年在北京出版的《万国公法》很快在日本重印，将对译英语概念的汉字新名"民主""权""权利""主权""特权"传入日本；1851 年合信在广州出版的《全体新论》，1858 年李善兰与韦廉臣合译的《植物学》等书流播幕末日本，将"植物学""细胞"等一批术语传入日本。[2]此外，"电信""电报""政治""议院"等新名皆中国创制在先，日本吸纳过去，后又返传中国，并非日本创词。

冯天瑜著《"千岁丸"上海行——日本人 1862 年的中国观察》（商务印书馆 2001 年版）论及日本幕末藩士高杉晋作（1839—1867）、中牟田仓之助（1837—1916）等在上海搜求"《上海新报》《数学启蒙》《代数学》等之书归"，高杉晋作还在上海购得美国人裨治

---

1 马西尼考证，"公司、新闻、磅、绷带、贸易、火轮船、火轮车、光学、声学、法律、国会、议院、医院、主权、国债、统计"等汉字新名皆先期产生在中国，后流传日本。——〔意〕马西尼著，黄河清译：《现代汉语词汇的形成——十九世纪汉语外来词研究》，上海：汉语大词典出版社，1997 年，第 18—113 页。
2 〔意〕马西尼著，黄河清译：《现代汉语词汇的形成——十九世纪汉语外来词研究》，上海：汉语大词典出版社，1997 年，第 102 页。

文与中国人管嗣复合译的《联邦志略》(原名《美理哥合省国志略》),其中大量政法类、史地类汉字新名传入日本。值得注意的还有,参译西书的中国士人徐寿(1818—1884)的传记载,"在局(指上海江南制造局)翻译汽机、化学等书,成数百卷。日本闻之,派柳原前光等赴局考访,购载寿译本以归。今日本所译化学名词大率乃袭寿本者为多,人以此服其精审"。这里讲到的柳原前光,是明治初年的外交官,1870 年来上海除贸易事宜外,还广搜中国出版的汉译西书,促成中制新名传入日本。

综上可见,直至 19 世纪 60—70 年代(日本的幕末明初),中国还是日本学习西学、接纳西洋新概念的供应源地之一。如果我们将在中国创制的表述西学的汉字术语认作"日语借词",日本学者和西方汉学家会哑然失笑,中国人更情何以堪。

创译汉字新名的中国士人与来华西洋人的劳绩历历在目,不容抹煞。参与翻译汉字新词者甚众,著名人物有明末清初入华耶稣会士利玛窦、艾儒略、金尼阁、邓玉函、熊三拔、傅汎际、汤若望等,清末入华新教传教士马礼逊、慕维廉、傅兰雅、麦都思、伟烈亚力、林乐知、李提摩太等，与西洋人合作汉译的中国士人有明末清初徐光启、李之藻、杨廷筠、王徵、方以智及其子方中通等，清末汪凤藻、李善兰、徐寿、徐建寅、华蘅芳、王韬、李凤苞、管嗣复、张福僖等。这些中西人士若地下有灵，必为首创权被剥夺并拱手让与日本人而郁愤不已。

（三）晚清"开眼看世界"中国人的译制

清道咸年间国门初开，一些先进的士人渴求新知，借助汉译西书、西报，撰写一批介绍西事、西学的书籍，著名者有林则徐（1785—1850）主持编译的《四洲志》，魏源（1794—1857）编纂的《海国图志》，徐继畬（1795—1873）编纂的《瀛环志略》，姚莹（1785—1853）编纂的《康輶纪行》，梁廷枏（1796—1861）编纂的《夷氛纪闻》《海国四说》，夏燮（1800—1875）编纂的《中西纪事》，陈逢衡编译的《英吉利纪略》，等等。这些书籍在介绍外域情事、学术时，参考、借鉴《澳门月报》《东西洋考每月统记传》《美理哥合省国志略》之类汉译西洋书刊，译制了一批史地类、政法类、科技类汉字新名（如贸易、进口、出口、文学、法律、火轮船、火轮车、火车、国会、公司之类），拙著《新语探源》（中华书局 2004 年版）第三章第一节《道咸间经世派士人的劳绩》有介绍，此不赘。这批书籍（尤其是魏源的《海国图志》）在本国遭受冷遇，而传至幕末明治初日本，洛阳纸贵，多次翻印，朝野争相传阅，幕末维新志士吉田松阴（1830—1859）称"魏源之书大行我国"[1]。《海国图志》《瀛环志略》等书译制的汉字新名随之播传于日本，日人广泛使用之余，还引为译制汉字新名的范本。如《海国图志》的报纸译名"新闻纸"，美国元首译名"大统领"，皆被日本人采用，并通行至今，而不明底里者常把"新闻纸""大统领""博物"之类视为"日本名词"，殊不知它们分明创自中国，后为日本借用。

中国官方兴办的译书机构，如京师同文馆（1862—1902），李鸿章在上海创办的广方言馆（1863—1905），江南机器制造总局翻译馆（1868—1905），创制新名劳绩甚巨。以江南制造局翻译馆为例，李善兰

---

1 〔日〕吉田松阴：《读筹海篇》（《筹海篇》为清魏源《海国图志》首篇），《野山狱文稿》，第 23 页。

创译数学术语"代数""方程""微分""积分"等，学科名词则有李善兰、徐寿、赵元益、徐建寅与西人合译之"重学""化学""医学""电学""光学""声学"等，"自行车""飞机"等。上述新语多在中日两国沿用至今。而傅兰雅与徐寿合译《化学鉴原》，将当时所知64个化学元素全作汉字定名（非金属类元素石旁，如硒、磺；金属类元素金旁，如铂、锰），皆在中日两国沿用至今。傅、徐还申述"名目生新"说，概括新名拟定的规则与方法。[1]

　　总之，上述几类汉字词，有的并非"新语翻至"，而是"旧词复兴"，或曰"古典新变"（承袭古典基旨而变通之）；有的不是"日词入华"，而是"侨词来归"。上列新名产地皆在中华而不在日本。然而，某些中国出版的外来语词典和语言学著作未作穷源竟委工作，把它们一概视作"日语借词"，至今一些人仍持其说，这是不符历史实际的判定。从语源学角度论之，必须恢复上列三类词语的"中国首创"（如《四洲

1　见傅兰雅：《江南制造总局翻译西书事略》第二章　论译书之法。傅氏"名目生新"说详见冯天瑜著《新语探源》，北京；中华书局，2004年，第277—281页。

志》《海国图志》《瀛环志略》及江南制造局译制科技类、政法类、史地类诸名），"翻新古典"（如革命、自由、共和之类）及"回归侨词"（如地球、小说、物理、卫生之类）身份，并论析创制、输出与逆输入之始末，考察中—西—日三边互动间的因革及传递转换情实。

恢复历史本来面目是新名研究的基础。

三、近代日本语文贡献平议

指出"新名七成日源"说之偏误，绝不意味着可以否定近代日本发展汉字文化、助力中国语文变革的贡献。

幕末明治日本在译介、诠释西学的过程中，运用汉语构词法创制一批汉字新名（如哲学、美学、干部、常识、笔谈之类），更大量选取并改造汉语古典词（如伦理、科学、政治、范畴、艺术、民族等等）翻译西洋术语；普及词缀化用法，如前缀（如老～、小～、第～、非～、阿～等等）与后缀（如～者、～力、～式、～性、～化、～式、～家、～阶级、～主义等等），又借鉴西式语法，丰富了汉字语用，对白话文运动及汉语的现代化进程起到推动作用，这一劳绩理应充分肯认。但是，将日本的语文贡献从汉字文化圈大格局中拔擢出来，加以夸张描述，对汉字新名的语源张冠李戴，一概让与日本，则有失允当。今日议此，并非仅是维护新语发明权的荣誉之争，更重要的是：端正对词语演绎线路的认识，以准确把握新名定格、词义异动及发展过程，既是历史文化语义学学理的坚守，更涉及广义的求真务实问题，忽略于此，便无法把握真实的近代中国文化史，也会曲解日本文化史和东西文化交通史。而失却了对文化史的确切认知，在"夜郎自大"与"百事不如人"两个极端间跳跃，何谈文化自信，何谈开展健全的中外文化交流。

笔者以为，近代日本对汉字文化发展的贡献，主要并不在于提供了多少新词（对此不必缩小，也不应夸大），而在于终结汉字新名的散漫无序、自生自灭状态，界定中国自创或由日本制作的新名的古典义、现代义、世界义，并使之贯通，通过教科书、工具书汇入学科体系，通过学校教育、社会教育，为汉字文化构筑现代性知识系统提供语文基础。这项极有意义的工作，近代日本人劳绩显著，却又并非由其单独完成，而是 16 世纪末叶以来的四百余年间，中—西—日三边互动的结果，中国人与日本人在此间互为师生，交相更替创作者与学习者身份，而欧美传教士在中国士人协助下的译创之功也至关紧要。仅以 19 世纪中期而论，入华新教传教士在华人协助下用汉语编写出版的论著，英国米怜（1785—1822）21 种，英国麦都思（1796—1857）59 种，德国郭士立（1803—1851）61 种。[1] 英国傅兰雅（1839—1928）在徐寿协助下，还总结了创制汉字新名的方法。[2] 另外，苏格兰人慕维廉（1822—1900）在中国生活 53 年，出版中文著作 39 种。而英国传教士伟烈亚力（1815—1887）主笔的《六合丛谈》充分展开中西人士合作翻译，王韬（1828—1897）曾记述其具体过程：

> 伟烈亚力乃出示一书，口讲指画，余即命笔志之，阅十日而毕事。于是《西国天学源流》，

1　〔意〕马西尼著，黄河清译：《现代汉语词汇的形成——十九世纪汉语外来词研究》，上海：汉语大词典出版社，1997 年，第 41 页。

2　见傅兰雅：《江南制造总局翻译西书事略》，第二章　论译书之法。

犁然以明，心为之大快。[1]

这种"西人口述，中士笔志"的合译方法，从明清之际以至于清末一以贯之。我们不可忘却中西人士合作创制新名的业绩，它们往往是幕末明初日本制作汉字新名的范本。

自严复（1854—1921）等兼通中西语文的译者出现以后，中国逐渐减少借助日译西书，而直接译述西学，根据英、法、德、俄诸文本译创汉字新名，日本的二传手功能下降，但明治时代日本新语的效用并未中止，其某些优势继续张扬，如严复"一名之立，旬月踌躇"，苦心孤诣译创的"计学""群学""母财""脑学""界说"固然准确、典雅，却不及日译汉字新语"经济学""社会学""资本""心理学""定义"明快易懂，故在近现代中国流行的，少有严译词而多为日译词。严复提出翻译"信、达、雅"三原则，此至论也，但严复本人创制的译名，古雅艰深，不够畅达通俗，从传播及语用角度言之，在新名竞赛场上，严译词往往落败于日译词。这一历史真实我们亦须记取。

---

1 《西国天学源流》，1890 年淞隐庐活字版排印本，第 28 页。

直至当代，日本词汇传入中华还在进行中，时下流行的新词，如"达人、人气、人脉、完败、完胜、物流、研修、职场、食材、熟女"等皆为日制词，其中多为从台湾转传中国大陆的。

日本译词虽有便捷易用的优点，但不应忽略，这些日本汉字词多半源自汉语古典，或用汉语构词法创制，皆与中国文化保有深刻的渊源关系。新近一例颇能说明问题：当下日本天皇更替，皇太子德仁继承平成天皇，于2019年5月1日成为新天皇，日本公布新年号"令和"，官方解释，此名是从日本最早的和歌集《万叶集》卷五《梅花歌卅二首并序》"初春令月，气淑风和"句中择字组成，并宣称这是第一个典出日本古籍的年号（日本自古代第一个年号"大化"开始，直至近现代的年号"明治""大正""昭和""平成"，皆取自中国古典，如《尚书》《周易》《诗经》《史记》等），这次官方选字于日本古典，显然有文化"脱中"用意。但经考索却适得其反：公元8世纪成书的《万叶集》"初春令月，气淑风和"句，脱胎于东汉科学家兼辞赋家张衡（78—139）公元2世纪初的作品《归田赋》的"仲春令月，时和气清"，而张衡又参酌了先秦典籍《仪礼·士冠礼》"令月吉日"句式。另外,《黄帝内经·灵枢》云:"阳受气于四末,阴受气于五脏,故泻者迎之,补者随之,知迎知随,气可令和。"有人戏称,新年号"令和"的父亲是《万叶集》,祖父是《归田赋》,曾祖是《仪礼》或《黄帝内经》。日本使用的汉字语汇,多源出中国古典,这是不必也不可回避的历史实际,日本近代翻译西学时创制汉字新语,深植中华文化土壤,这是不可忘却,更不能斩断的历史脉络。

综论之,中日之间的语文交际,呈一种互为师生的关系,今人不必作偏执一端的估量。中日两国协力共创的语文成果,是丰厚的文化财富,至今仍在中日双方发挥作用,并且构成当下及今后语文建设的坚实基础。

《月华集》题记

　　月亮的光华是次生的，是对原生的太阳光芒的反射。关于这一点，中国古人早有认识。西汉学者刘向（约前77—前6）指出："京房《易说》云：'月与星，至阴也，有形无光，日照之乃有光。'"将群星一言以蔽之曰因日照方有亮色，有欠确切，因为"星"包括恒星与行星，而恒星是自发光芒的星体，行星及其卫星（如月亮）则确乎"有形无光，日照乃有光"。两千年前的哲人虽未区分恒星、行星，但认识到月亮及部分星（行星）不能自放光芒，堪称慧眼卓识。

　　月华是阳光的反射，却又在反射间使阳光变换气质，从"热烈似火"演化为"柔和如水"。月亮未能给人间提供充足的光与热，却也自有妙用——当太阳在白昼尽头退下天幕，冰轮便悄然升起，将澄明的银辉普洒大地，给旅人映照路径，为游子添些乡思，令大海涌起潮汐……这些功能，连观照六合的伟大的太阳也无暇顾及，正如《淮南子》所谓"日不知夜，月不知昼，日月为明而弗能兼也"。

如果把富于原创性的学术论著比作"知识的阳光"，学术随笔是否可以视为"知识的月光"？当然，任何譬喻总是蹩脚的，但随笔能够在"缺月挂疏桐，漏断人初静"之际，供劳力劳心终日的人们依床翻阅、悠然品味，随笔在此刻提供的意境，恰与"皎皎耀清辉"的月色相近。这本小书题名《月华集》，微意在此。

　　　　　1997 年金秋于武昌珞珈山

第四部分

中华文化的地域展开 *

　　作为人类物质文明和精神文明创造总和的文化，因时间向度的演进而具有时代性，又因空间向度的展开而具有地域性。人们把研讨文化时代性演进的学科称之文化史学，把研讨文化空间性分布的学科称之文化地理学，这两门学科都有独立存在的价值和独立发展的历史。然而，时间和空间又是运动着的物质的两种密不可分的存在形式，时代性与地域性当然也是文化的两种相互依存的属性，我们只有全面观照这两种属性，并考察其互动关系，方能实在地把握人类创造

*　本文为由北京教育出版社、内蒙古教育出版社、河北教育出版社、安徽教育出版社、山西教育出版社联合出版的冯天瑜、林干主编《中华地域文化大系》的总序。

的文化的纵深度和广阔度。在这一意义上，历史学与地理学的联姻势在必行，而本书系便是文化史学与文化地理学相结合的产物。

中国是一个文明传统悠久深厚的国度，又是一个广土众民的国度，其文化的时代性演进和地域性展开均呈现婀娜多姿的状貌，因而切忌做简单化的描述与概括。已故历史地理学家谭其骧指出："把中国文化看成一种亘古不变且广被于全国的以儒学为核心的文化，而忽视了中国文化既有时代差异，又有其地区差异，这对于深刻理解中国文化当然极为不利。"[1]谭先生的这一论说显然是有感而发的，因为，笼统地界定中国文化，已是一种司空见惯的做法，此类做法有碍于人们从共相与殊相辩证统一的高度把握中国文化，不利于开掘中国文化无比丰厚的内蕴。

要想获得对中国文化的深刻理解，必须纠正空泛、粗疏的学风，多做具体分析和实证研究，方能为综合与抽象提供坚实的基础。而此类工作的一个重要方面，便是对中国文化加以分区考析。应当说，在这

---

1 谭其骧：《中国文化的时代差异和地区差异》，《中国传统文化的再估计》，上海人民出版社 1987 年版，第 41 页。

方面我们有着宏富的遗产。

中华先民很早便在东亚大陆建立起幅员辽阔的国家，并对这片国土的自然风貌和人文状态做过真切的分区把握。成文于周秦之际的《禹贡》简练而准确地描述当时的国土——"东渐于海，西被于流沙，朔南暨，声教，讫于四海"。对纵横于东亚大陆的广袤国土，《禹贡》分作"冀、兖、青、徐、扬、荆、豫、梁、雍"九州，并对每州的土壤做出分类和等级划分。而土壤分类和等级划分，实际上是对农耕文明时代做经济、文化水平的地区等级判定。此后，西汉史家司马迁在《史记·货殖列传》中对当时南北东西各地的物产和人文特色有传神的描绘。西汉末年学者刘向则将汉朝全境划分为若干区域，丞相张禹又令僚属朱赣按区域介绍风俗。东汉史家班固所撰《汉书·地理志》集上述之大成，对当时的中国做出如下"域分"——秦地、周地、韩地、赵地、燕地、齐地、鲁地、宋地、魏地、楚地、吴地、粤地，并记录各地风俗，绘制出文化地域特征的生动画卷。以《汉书》为端绪，历代正史皆设地理志，以各朝疆域为范围，以政区建制为纲目，分条记述山川、物产、风俗，形成文化区域研究的良好传统，奠定了我们今日理当深入开展的文化区域研究的前进基地。

地域研究涉及的一个基本概念是"文化区"。作为文化的空间分类，文化区由自然、社会、人文三重因素所决定，三者在历史进程中综合成某种地域性文化特色，如北方的中原文化，雄浑如触砥柱而下的黄河；南方的楚文化，清奇如穿三峡而出的长江。有人曾这样概括南北文化的卓异处："北峻南孊，北肃南舒，北强南秀，北僿南华。"这种关于区域文化特征的把握，既着眼于自然环境之分，更观照了社会生活、人文传统之别。当然，文化区并非静态、凝固的空间存在，而是因时演变的。一般而言，构成文化区的自然因素变化较慢，社会、人文因素迁衍较快。这也就是年鉴学派所谓的长时段、中时段、短时段之说。

明清之际哲人王夫之在论及文化中心转移的态势时说："三代以上，淑气聚于北，而南为蛮夷。汉高帝起于丰、沛，因楚以定天下，而天气移于南。"[1] 夫之

1　王夫之：《读通鉴论》卷十二。

常用"天气移于南""地气南徙"诸说法，而他所谓的"天气""地气"，显然并非专指自然之气，而是自然、社会、人文的综合，更多地包蕴社会、人文因素。这就把长时段、中时段、短时段的变迁综汇到现时的变迁上来，确为一种卓识深见。事实上，自从具有理性的人类介入，造成文化世界，我们这个星球上的变化往往不再是单纯的自然运动，即以各地土壤肥瘠的变迁而论，便深深打上人类活动印记。曾被《禹贡》(反映周秦之际状况) 列为下中、下下的长江流域，至近古已成上上之地，如宋人王应麟说："今之沃壤，莫如吴越闽蜀。"[1] 至于各地风俗、学术的异动，更是古今起伏，时有更迭。这是在做区域研究时应予注意的。

当下我们所做的区域文化研究，在观照历史的前提下，更要着眼当下。今日中国，北起漠河，南达南沙群岛的曾母暗沙；西起"世界屋脊"帕米尔高原，东及黑龙江与乌苏里江汇合处。领土面积约与整个欧洲相当，包括 56 个民族的中国做合理的文化域分，是本书系的使命。鉴于中国领地的辽阔和文化类型的

1　王应麟：《玉海》卷十七。

复杂，有必要做多级次的文化域分。

按照自然条件和经济文化类型，中国首先可分作东、西两部。从黑龙江的爱辉到云南的腾冲之间作一连线，东半壁是向太平洋倾斜的低度高原、丘陵和平原，季风气候使之干湿交替、季节分明，数千年来形成发达的农耕经济、繁富的典章制度和精深的艺文哲思；西半壁以草原、沙漠、高山、高寒高原为主，属大陆干旱性气候，自古以来繁衍着粗犷奔放、富于流动性和生命活力的游牧文明。东西两大文化区的互动，构成中国历史的重要内容，并为中国现代文化的丰富性和多样化发展提供了无尽的源泉。

东部农业文化区可分为由汉族为主体的中原农业文化亚区和西南少数民族为主体的农业文化亚区。中原农业文化亚区，自北而南又可分为燕赵文化副区、三晋文化副区、齐鲁文化副区、中州文化副区、荆楚文化副区、吴越文化副区、巴蜀文化副区、安徽文化副区和江西文化副区。中原农业文化亚区向北延展为松辽文化副区，向南延展为闽台文化副区和岭南文化副区。西南文化亚区又分为滇云文化副区和贵州文化副区。西部游牧文化区可分为蒙新草原—沙漠游牧文化亚区（其内又分作塞北文化副区、甘宁文化副区、西域文化副区）与青藏高原游牧文化亚区。基于这种文化域分，本书系由如下十九卷组成：

燕赵文化　松辽文化

三晋文化　闽台文化

三秦文化　岭南文化

齐鲁文化　滇云文化

中州文化　贵州文化

荆楚文化　塞北文化

吴越文化　甘宁文化

巴蜀文化　西域文化

安徽文化　青藏文化

江西文化

这种划分是否周到，本书系对中华文化的分区描述是否精当，还望读者诸君评析、指教。

在言及中国文化的地域性时，应当申述的另一要义，是中国文化的共通性。这种共通性是中华民族在数千年历史进程中磨合而成的，表现为一种兼收并蓄的宏阔气象、对多元文化"有容乃大"的统摄与综汇。诸如晚周南北文化的交合，成就了战国文化的空前辉煌；汉唐中原文化对西域及周边文化的吸纳、魏晋南北朝诸族文化的融会，以及此后多次民族文化及地域文化的沟通，加之对南亚佛教文化的采借与再造，成了以宋文化为代表的中古文化高峰。元、明、清更将多民族国家的雄伟格局奠定，而多元一体的文化政策的确立，则是其文化保障。今日异彩纷呈、生机盎然的中华文化，是诸地域、诸民族的共同创造，是文化的"多"与"一"互动的结果。这种和而不同、刚健自强的文化机制，是中国作为一个广土众民的泱泱大国长久屹立世界东方的重要原因。本书系在详述中国文化地域多样性之际，也念念于兹，读者诸君可于全篇窥此微意。

《荆楚文库》编纂设想 *

湖北省决定倾力编纂《荆楚文库》，此为"经纪一方之文献"的壮举，吾辈躬逢其盛，理当勉力投入，贡献绵薄。

一、弁言

文献集成是总汇历代学术文化成果，把握国情、地情的一项基本工作。我国有图书集成的深厚传统，唐的《艺文类聚》《北堂书钞》，宋的《太平御览》《册府元龟》，皆荦荦大者，明代编类书《永乐大典》，清代编丛书《四库全书》，乃震古烁今的巨制，我们至

---

*　本文系冯天瑜作为《荆楚文库》总编辑 2014 年 7 月 18 日在《荆楚文库》编纂出版工作会议上的发言。

今受其赐。

除全国性文献集成外，区域性图书总汇也广为展开，清乾隆间章学诚有"仿《文选》《文苑》之体而作《文徵》"[1]之倡。道光、咸丰以降，各省人士汇集乡邦著述，编纂郡邑丛书蔚然成风。湖北省清末民国整理区域文献成绩卓著，鄂籍学者罗田人王葆心，潜江人甘鹏云，蒲圻人张国淦，沔阳人卢靖、卢慎之兄弟等辑《湖北书徵》《湖北文徵》《湖北诗徵》《湖北先正遗书》《湖北丛书》，这些集成本多编而未刊，可谓湖北文献总汇的前驱之作。卢氏兄弟辑印《湖北先正遗书》时说："乡人读此，当知吾数千年之灏气英光，流风余韵，晦而弥显，久而弥彰……忧时悯乱之怀，爱乡合群之念，油然而生。"这颇能代表前贤编纂乡邦文献的渊雅旨趣。

抗日战争最艰苦的岁月，时在罗田，年过七旬的王葆心先生还在孜孜不倦地收集整理地方文献，他在与先父冯永轩的多通往还书信中反复讨论此类业务，后学如我者，每览前辈书札都感慨万端。董老为王葆

1　章学诚：《文史通义校注》下，中华书局 1985 年版，第 571 页。

心墓表题词曰:"楚国以为宝,今人失所师。"诚非虚誉。我们今日有远为优越的工作条件,当师法先哲,深入广泛地开掘、收集、整理乡邦文献。

放眼全国,近十年来,一些省区先后启动文库编纂,如湖南的《湖湘文库》(702册,2013年出齐),广东的《岭南文库》(已出百余种),四川的《巴蜀全书》(含《巴蜀文献精品集萃》《巴蜀文献联合目录》《巴蜀文献珍本善本》),福建的《福建丛书》,江苏的《金陵全书》(甲编方志类,包含南京历代府志、县志、专志;乙编南京历代方志以外的史料;丙编南京的历史档案),山东的《齐鲁文化经典文库》《山东文献集成》,浙江的《浙江文丛》,河南的《中原文化大典》,安徽的《安徽古籍丛书》,新疆的《新疆文库》,甘肃的《陇右文献丛书》等。湖北当利用后发优势,在较高的基点上编纂《荆楚文库》。

二、湖北文化积淀深厚,文献宝藏丰盛

作为荆楚文化核心地段的湖北,文化起步期几与中原同时。先秦楚地孕育了中国最早的伟大诗人屈原,还有宋玉、唐勒、景差等,南国"惊采绝艳"的

《楚辞》与北方"惇厚质朴"的《诗经》交相辉映，"风""骚"二元并美；而与邹鲁的《论》《孟》相竞又互补的，有楚地的《老》《庄》。故称楚文化占先秦文化半壁江山，并不过分。秦汉至清末，湖北文化巨匠迭现：诸葛亮、陆羽、孟浩然、岑参、皮日休、宋祁、张居正、李时珍、袁宏道，或在人文或在科技领域竞放异彩。襄阳释道安"三教求同"，监利智者大师创建天台宗，禅宗四祖、五祖黄梅阐法，为六祖慧能完成"南能北秀一统"奠定基础。张君房撰《云笈七签》得"小道藏"美誉。元明之后，武当山道教著述宏富。湖北可谓儒释道群籍的重要诞生地之一。

近代湖北处古今东西文化交会锋面，涌现大批学贯中外的学人，杨守敬、熊十力、王葆心、黄侃、李四光、王世杰、汤用彤、李济、王亚南、闻一多、徐复观、胡风、曹禺、殷海光等，这还只是很不完整的名录。这些近现代哲人留下守先待后、足可传世的文籍。还有一批外籍旅居湖北人士，创作观察湖北、研究湖北的著述。以总督湖广十余年、视湖北为"第二故乡"的张之洞为例，其论及湖北政治、经济、军事、文化、社会的篇什不下全部作品的三成，一部

《张文襄公全集》，堪称近代湖北百科全书。张之洞还对文献学做出贡献，所著《书目答问》《輶轩语》是文献学经典，也是我们编纂文库的指导书。

谈到鄂籍文士的书刊故实，杨守敬值得一提。杨氏不仅是卓越的历史地理学家，著述宏富（湖北人民出版社1997年出版13卷巨册《杨守敬集》），而且是有特异贡献的图书家，他在清末作为驻日使馆的随员，恰值日本明治间"脱亚入欧"风气弥漫之际，江户时期日本大量购买的中国典籍，这时被公私两界廉价抛售，慧眼识珠的杨守敬倾囊收购，又动员出使大臣何如璋、黎庶昌提供经费，购得宋版、明版、清版图书多种，广搜国内散佚古籍。积贫积弱的近代中国，大量文物（包括古籍）流失海外，而湖北枝江人杨守敬却有海外大量回收古籍的义举，开启后来李盛铎、王古鲁日本访书之先河，这是湖北的光荣，将策励我们做好文库编纂工作。

三、总汇五类图籍，集成"文献编""方志编""研究编"

《荆楚文库》收录标准是：湖北籍人士著述、外籍人士论议湖北著述、今人研究湖北著述，以期总汇湖北文献。从来源及类别论，文库拟汇集五类典册。

（一）全方位囊括传世文献

湖北传世旧籍，主要从《四库全书》《续修四库全书》、四库毁禁书中辑录，还须搜求之外的书刊。

湖北典籍堪称宏富，自古以迄 1949 年，湖北籍学人著述和外籍人士论及湖北的著述共约 50000 种，有文本存世的占十分之一，共 5000 种图书，约 15000 种版本（目前已收集 13000 种）。这些传世文献当网罗周全，选其精粹，编入文库。其间尤需重视善本选择和孤本抢救。

湖北是近代文明勃兴的重要区域，汉口开埠后海关文献甚多；张之洞主持"湖北新政"，兴实业、练新军、办文教，在在留下丰富文献，以"汉冶萍公司"文献论，便具有颇高价值；湖北是辛亥首义之区，有渊富的辛亥革命史料，特别是湖北军政府成立伊始，立即组建"湖北革命实录馆"，征集大量文书及口述史料；湖北是现代革命中心地之一，第一、第二次国共合作的中枢地段，三大苏区湖北居其二（鄂豫皖、湘鄂西），抗日战争最大会战主战场在武汉及其周边，这些切关全局的历史事件都在湖北留下丰富的文献资料，有待我们开掘、整理。

（二）广辑佚书、出土文献、民间文书等非传世文献

文库之功业，不唯在传世文献集成，还负有发皇非传世文献的使命，在一定意义上，这正是文库的创新处。

注目于非传世文本的搜集，古有传统。乾隆间编纂《四库全书》，不仅从历代类书、政书、丛书、总集中辑录典籍，还下诏征求民间遗书，广搜佚书。今日编纂文库，尤应在这方面用力。

湖北是近代考古发现最丰富的区域之一，仅以出土文献而论，其数量之大、质量之高堪称翘楚。云梦秦简、郭店楚简、张家山汉简等纷至沓来（上博简、清华简皆郭店楚简流失境外又返购回来），展现了先秦、秦汉典籍的原始状貌（传世文献在流传过程中不断被修订甚至改窜），故有思想史家称，楚简等出土文献的发现，原来依据传世文献撰写的中国思想史、文化史应当改写。

近二十年湖北学人致力公私文书、契约、账簿、族谱、碑刻等民间文书搜集，提供社会史、经济史、文化史研究的宝贵材料。复得之佚书、出土文献、民间文献等非传世文献的搜集整理，是文库编纂的题中应有之义。以较高的文化自觉，充分重视非传世文献的搜集整理，当为《荆楚文库》的亮色之一。

（三）辑录方志

各省区文库对方志的处理有两法，一为单列专类，全数收入；二为将方志置于传世文献的史部中，部分采入。取后法者为多。

湖北修志传统深厚，现存明、清、民国方志品类丰富（省志、府志、县志，及山志、水志等专志），提供认识湖北的系统资料。而且，方志大家章学诚、王葆心、朱士嘉等都曾躬亲湖北方志修纂，并有重要的方志学论著存世。如章学诚应湖广总督毕沅之请，主修《湖北通志》，后毕沅离鄂，《湖北通志》未刊印，《章氏遗书》存《湖北通志检存稿》四卷。章学诚又应荆州知府崔龙见之请，撰《荆州府志》，有

《复崔荆州书》存世。章氏还具论湖北诸县志，作《天门县志艺文考序》《天门县志五行考序》《天门县志学校考序》《与石首王明府论志例》《报广济黄大尹论修志书》。章氏还为毕沅代作府县志序文，如《为毕秋帆制府撰荆州府志序》《为毕秋帆制府撰石首县志序》，于湖北省情及修志体例颇多深见。王葆心主纂民国《湖北通志》，抗战间修《罗田县志》，所著《方志学发微》倡导"详备文献""注重采访"，为方志学奠基之作。

鉴于湖北方志遗产质高量大，且若干志书已成孤本，亟待重印以便保存、利用，故宜将"一方之全书"的方志360种，列为专类，全数收入文库。

（四）汇集近代湖北报刊

湖北报刊兴起，与近代文明成长同步，从洋人办报到国人办报，从官方办报到民间办报，近代湖北报刊种类繁多，应择其中在历史上发挥过重要作用，或有助于完整反映近代湖北面貌的报刊整理出版，以彰显湖北在中西文化交流和重大转折时期的思想文化领域的历史地位。

（五）汇集研究湖北的今人论著

近代以来，尤其是1949年至今，本籍及外籍人士研究湖北的著述甚多。其中包括：①荆楚历史；②荆楚人物；③荆楚考古与文物；④楚国与楚学；⑤荆楚风物；⑥荆楚文史资料汇编；⑦荆楚文化工具书。

在这七大类中，一要突出荆楚文化特色。遵循"人无我有，人有我特"的原则。如对湖北古人类研究、楚文化研究、汉冶萍研究、张之洞及湖北新政研究、辛亥革命研究、鄂东人文荟萃研究、鄂豫皖和湘鄂西革命根据地研究、保卫大武汉研究，是我们特有的研究领域。

二要充分收纳已有研究成果。今人对荆楚文化的研究，对辛亥革命的研究影响远播海内外；对湖北的红色革命根据地的研究也已成系统。初步统计有价值、有影响的著述约200种，当采入文库。

三要做到系统科学，不能缺档。据调查，文库的著述研究成果中，有的差错率超标，有的观点陈旧，有的表述不规范。"缺档"现象较为严重。编辑部在遴选书目时，应具体指出以上问题，避免滥竽充数。

缺档研究项目须及时立项编写，对已有研究成果采取订正、修订、增补、压缩、改编等方法，提高质量。

以上五类图籍汇作三编：文献编（甲编）、方志编（乙编）、研究编（丙编）。

四、湖北有雄厚的文献整理力量和出版力量

武汉大学、华中师范大学、湖北大学等高校有学殖深厚的文献整理及研究机构，华师张舜徽，湖大朱祖延，武大彭斐章、宗福邦等先生是全国知名的文献学家，并形成相当雄厚的老中青专业梯队，多年来在文献整理（包括湖北文献整理）、文献学研究方面取得骄人成绩。

湖北省图书馆、湖北省档案馆、湖北省博物馆、武汉市图书馆、武汉市档案馆，武汉市博物馆、各高校图书馆，其馆藏多有湖北文献，不乏善本乃至孤本。省图书馆老馆长阳海清等多年精心编撰的篇幅浩繁的湖北文献书目，为文库编纂提供坚实的遴选基础。

湖北人民出版社、湖北教育出版社及崇文书局、武汉出版社、武汉大学出版社、华中师范大学出版

社、华中科技大学出版社等出版机构，有较健全的编辑阵容和较强大的出版力量，多年来出版湖北文献，成果斐然。由湖北诸家出版社刚刚退休而尚在盛年的老社长、老总编及资深编辑组成文库编辑部，将在文库编纂中发挥重要作用。我看到这些熟悉而亲切的面孔，听到他们建立在丰富经验和学养基础上的种种建策，对文库编纂增添了底气。

湖北各县市典藏是湖北文献又一宝库。我1983年曾到浠水县博物馆阅览古籍，那里的古籍收藏令人惊叹，这得益于该县的优良传统：明清以来，浠水凡外出读书、做官者，须向家乡赠书，此成惯例。故浠水在民国年间已是富藏图书之县。这些古籍较完整地保存至今，是浠水文化群体共同努力的结果，而其间老县长白水田（后为黄冈专区专员）贡献尤巨。白专员与我一见如故，他自称"土八路"，读过简师，热爱书籍，土改时，许多地方把从地主家抄出的书籍一把火烧掉，而作为南下干部的白水田将这些典册搜集到县里，成为浠水县藏书。"文革"初期，时任县长的白水田在被"打倒"前，抢做的最后一件事，是派人将县文化馆藏书屋的门窗用砖砌起来，使这批古籍得以保存。我们应当礼赞保存书籍的贤人嘉行，推动藏书、献书的展开。

五、工作建议

（一）设立工作专班

各相关单位要明确责任领导、责任部门，承担任务较多的高校和出版单位应成立《荆楚文库》项目专班，要为项目专班提供办公场所、配备人员，确保承担的各项工作顺利进行。

（二）配套扶持政策

《荆楚文库》编纂出版项目是一项综合性系统工程，历时长，涉及面广，需要调动专家学者、调配优秀骨干编辑，集中时间和精力共同完成。对专家学者参与《荆楚文库》搜集整理，高校和科研院所要承认其属于科研成果，计入职称评定等业绩考核，保证工作时间，给予经费支持。出版单位承担《荆楚文库》编辑出版任务，对出版社和编辑进行经营目标的考核时，要把编辑出版《荆楚文库》投入的工作量计算进去。

（三）尽快落实项目经费

经费一须"科学有效"，经费规模要与《荆楚文库》编纂出版方案相适应、相配套；二须"及时有效"，经费保障及时到位。如《荆楚文库》编纂出版方案中列"数字化"一目，数字化是现代文献整理保存、开发利用的趋势，也是出版的重要发展方向。越是大型项目，数字化的优势和价值体现更充分。湖南编纂《湖湘文库》未作数字化安排，现在《湖湘文库》已经全部出版，不得不重新开启数字化工作，花费更多时间精力及经费，事倍功半。鉴于前车，《荆楚文库》数字化工作宜与编纂同时进行，此项经费须先期拨放，可收事半功倍之效。

（四）资料文献资源共享，向文库编纂出版开放绿色通道

各高校和省市县图书馆、档案馆、博物馆保存的文献资料，是编纂《荆楚文库》的资源保证。各单位需提供《荆楚文库》拟收入的传世文献、未刊稿本、图片资料等，积极主动地协助编纂出版部门做好搜集整理工作。省内各高校、省市县图书馆、档案馆、博

物馆等单位，要以大局为重，保证资源共享，向文库编纂出版开放绿色通道。

《中国省别全志》影印版 * 序言

一

"国有史，方有志。"与国史并称的地方志，是全面记述某一地域（或省、州、县、乡，或山、水、楼、寺等）的自然、社会、政治、经济、文化、风俗诸方面故实的文献，系"一方之全志"，简称"方志"。

广土众民的中国，有着悠久深厚的修志传统。早在周代，朝廷及各诸侯国设外史"掌四方之志"，设内史"掌邦国之志"。至中央集权的秦汉已专修地志、地记，《汉书·地理志》是第一部分区地理总志。东

＊ 国家图书馆出版社 2015 年出版。

晋成书的《华阳国志》与《越绝书》是较早的传世志书。隋唐有图经类志书（如隋炀帝时的《区宇图志》，唐代李吉甫编《元和郡县图志》），宋以降修地方志更成定制，涌现名志《太平寰宇记》。明代永乐年间颁布《纂修志书凡例》，规定志书须记二十四类，包括建置沿革、分野、疆域、城池、里至，直到经济生活、文化教育、民情风俗诸方面。明清两代编修的省志、州志、县志皆沿此规制，遂有洋洋大观的《大明一统志》《大清一统志》的纂集，此外还涌现山志、江河志、楼志、寺志等种种专志。

时至清末、民国，接受科学文明洗礼的近代意义的中国地方志初萌，民国十七年（1928）行政院通令全国各省、县修志，并颁布《修志事例概要》22条，各地成立方志馆，省、县方志陆续修纂。然而，近代中国内忧外患、积贫积弱，方志修纂难以系统展开，各省方志合集更属稀缺，除白眉初主编的并不完善的《中华民国省区全志》外，并无二例。一个引人注目、发人深省的情形是——

建立在周密的实证调查基础上的完整的中国各省志书丛编，是日本人于20世纪上半叶修纂、出版的，这便是《中国省别全志》与《新修中国省别全志》。今次国家图书馆出版社将两种全志以《中国省别全志》之总名重新印行面世，展现传统方志向近代方志转变的状貌。

二

欧美率先完成工业革命并掌握近代科学方法，采用实地勘察手段，对掠占对象国做周详调查，以掌握对象国国情诸方面的第一手材料，这是西方列强为推行殖民主义、建立世界统一市场而从事的一项长期活动。日本作为后起的资本主义国家，深悉此一玄机，并身体力行之。而日本的域外调查，又以东亚，特别是中国为首要对象，这是与其侵略范围相一致的。

中日两国是"一衣带水""一苇可航"的近邻，有着深厚的历史文化渊源，近代初期又都受到西方列强的殖民侵略，处境相似。日本自幕末"开国"之际，即十分关注在中国发生的鸦片战争、太平天国诸事态，以之作为日本决定国策的参考，并于19世纪60年代初中期，四次遣使上海等地，对中国社情做现地调查（见冯天瑜著《"千岁丸"上海行——日本人 1862 年的中国观察》，商务印书馆 2001 年版）。明治维新以后，日本国势骤强，确立"经略中国""雄飞海外"战略，制定以独占中国为目标的"大陆政策"。由此出发，又依凭地近、文近、人种相近之利，日本对中国调查的强度、规模和系统性，较之欧美诸国颇有后来居上之势。

自 19 世纪 80 年代始，日本已开始对中国做系统调查。哲学家三宅雪岭在《真善美日本人》（政教社 1891 年版）一书中宣称，"日本人系有为种族"，"亚细亚诸国相继败亡，而蕞尔岛国的日本却作为帝国屹立在绝海之东"。三宅雪岭指出，面对白种人的东侵，日本人肩负真、善、美三方面使命，其中"真"的使命是：进行史迹调查，向亚洲大陆派遣学术探险队，开展东洋文化、生物、地质学、人类学的研究。可见，近代日本把对以中国为主体的亚洲大陆的实证性探查，以掌握亚洲大陆的真实情状，视作日本与欧美列强竞争高下的"使命"。日本官方、军方、商界，出于军事、政治、经济目的，不断派出浪人、军人、商人、记者，潜入中国各地，对清朝国情做周密调查，甲午战争前夕，日本根据这些调查绘制出包括朝鲜、中国东北和渤海湾在内的军用详图，上面细致标明这些地区的每座山丘、每条道路、每条河流、每个渡口，为发动战争做了精到的调查准备。反观清朝军队使用的地图，则大而化之，不仅粗略，而且讹误百出，以之策划战事，清军的溃败势在必然。甲午战争以后，日本以掠夺、侵占中国为矢的的中国调查，更成为日本政府、军方、民间有计划的、长期延续的行动。

近代日本的中国调查，留下卷帙浩繁的文献材料，较成系统的有如下几类。

（一）学者、官员、商人、军人、浪人的个人踏访记录，如19世纪中叶以降，高杉晋作、名仓予何人、竹添光鸿、冈千仞、安东不二雄、宇野哲人、内藤湖南等的中国旅行日记、随笔，日本尤玛尼书房于平成九年（1997）出版小岛晋治监修的《幕末明治中国见闻录集成》20卷本，平成十一年（1999）出版小岛晋治监修的《大正中国见闻录集成》10卷本，即为这批纪行文的精选本，从中可以得见近代日本武士、学者、商人、军人、记者中国旅行见闻、评述的范围与深度。

（二）日本驻华领事对中国商情、工农业、政治、社会、文化所做的分区调查：日本外务省从明治十四年起，将领事报告编为《通商汇编》年刊，继而改为半年刊。农商务省还于明治十八至二十一年办《农商工公报》（月刊），每号都载有"领事报告"。明治十九年以后外务省下属的《通商汇编》更名为《通商报告》，明治二十二年底停刊，明治二十七年以《通商汇纂》复刊。汉口总领事水野幸吉著《汉口》、内田佐和吉著《武汉港史》之类书籍，则是领事系统调查的副产品。笔者在日本的爱知大学图书馆所见《特调班月报》（1941），是上海日本总领事馆特别调查班的调查报告汇编，与侵华战争关系密切。

（三）满铁调查：1906 年组建的南满铁道株式会社，建立规模庞大的"满铁调查部"，在沈阳、吉林、哈尔滨、北京、上海等地设事务所，从事中国社会调查。1939 年 4 月，为适应扩大的侵略战争的需要，满铁调查部改组、扩充，从事"中国抗战力调查""中国惯行调查""东亚重要物资自给力调查""世界情势调查"，等等。满铁调查部始于 20 世纪初，终于 1945 年的中国调查，历时近 40 年，调查范围是东北、华北、华东。已出版的《满铁调查资料》汗牛充栋。

（四）兴亚院的中国调查：1938 年成立的兴亚院，由日本首相兼任总裁，陆军大臣、海军大臣、外务大臣、大藏大臣兼任副总裁，具体事务由总务长官负责。本院在东京，中国的北京、上海等地设联络部，开展对中国的政治、经济、文化的"实态调查"，包括中国工业调查、重要国防资源调查、流通关系调查、社会调查等，发表 2000 份调查报告。

（五）"末次情报资料"：这是日本侵华军北平情报机关对中外报刊以剪报形式做的中国调查，累积数千万言，广西师范大学出版社 1994 年将该资料的中文部分出版。

（六）日本各实业团体作的中国经济、商情调查。笔者曾翻阅日本兴亚银行 1942 年、1943 年、1944 年的《调查月报》，以及南亚海运株式会社的《调查内报》16 卷，关于中国经贸及交通的调查十分详细。类似的以"商战"为目标的调查报告甚多。

（七）东亚同文会在中国兴办的东亚同文书院（1901—1945）及其前身——荒尾精主持的"汉口乐善堂"（1886—1889）、荒尾精与根津一（1860—1927）先后主持的上海"日清贸易研究所"（1890—1893），在中国从事长达半个多世纪的旅行调查。

三

"东亚同文会"1898年在东京成立，会长为亚洲主义者、日本贵族院议长近卫笃麿公爵（1863—1904，二战时期日本首相近卫文麿之父）。1899年，近卫笃麿访华，在南京拜会两江总督刘坤一，商定东亚同文会在南京设校，1900年5月，南京同文书院开办，院长根津一。因义和团事起，1901年初书院迁上海，更名为"东亚同文书院"，首任院长根津一。学生从日本各府县招考，每府县两名，学生享受公费待遇，修业3年，教授汉语以及中国历史、政治、经济、文化等课程，以培养"中国通"为目标。1939年，东亚同文书院由专科学校升格大学，更名为"东亚同文书院大学"。

东亚同文书院学生接受严格的社会调查训练，每届学生于毕业前的一学期，组成调查队（晋蒙队、蜀汉队等），至中国某地做周密的专题考察，撰写"大旅行记"和"调查报告"，作为结业文本。自1901年至 1945 年的 40 余年间，46 届近 5000 名东亚同文书院学生，对中国各省区做地毯式立体调查，线路达700 多条，"入吾内地，狼顾而鹰睨"（《鲁迅全集》第8 卷，人民文学出版社 1981 年版，第 4 页），留下卷帙浩繁的调查材料（材料上交军部或外务省）。如果把东亚同文书院的前身"汉口乐善堂"（19 世纪 80年代中后期）、上海"日清贸易研究所"（19 世纪 90年代前中期）的调查活动计算进来，此一由日本军部、外务省支持的中国调查进行了 60 年。"汉口乐善堂"—"日清贸易研究所"—"东亚同文书院"是日本开展中国调查历时最久、涉及地域最广的系统。

此一系统在大规模开展社会调查的基础上，还用力于做综合整理工作，如 1892 年根津一利用"汉口乐善堂"、上海"日清贸易研究所"的调查材料，编纂《清国通商总览——日清贸易必携》二编三册 2300余页，分地理、交通、运输、金融、产业、习惯等项，成为当时日本从事对华各项活动的百科辞典，也是今人研究清末社会（特别是经济生活）的系统文献。东亚同文会更组织专家（主要是东亚同文书院的教授），对书院学生的巨量调查报告做综合研究，编纂各种专题论著（如《清国商业惯习及金融事情》《中国经济全书》12卷等），其中最重要的是《中国省别全志》与《新修中国省别全志》。

四

大正六年至九年（1917—1920）东亚同文会在日本东京出版《中国省别全志》，共18卷：第1卷广东省（附香港、澳门），第2卷广西省，第3卷云南省（附海防），第4卷山东省，第5卷四川省，第6卷甘肃省（附新疆省），第7卷陕西省，第8卷河南省，第9卷湖北省，第10卷湖南省，第11卷江西省，第12卷安徽省，第13卷浙江省，第14卷福建省，第15卷江苏省，第16卷贵州省，第17卷山西省，第18卷直隶省。

各卷大体包括以下内容。一、总论：各地沿革、面积、人口、气候、民俗、军事概况、对外关系等。二、都市：通商口岸、主要城市及各县城。三、贸易。四、交通：铁路、公路、船运、邮政与电信。五、农林渔牧。六、工矿。七、商业与金融。八、度量衡。每卷一千余页，图、表、文兼具，并附有地图。

　　东亚同文书院干事长小川平吉 1917 年撰《中国省别全志序》，概述"全志"修纂过程："上海东亚同文书院成立于明治三十三年，迄今已 18 载。在此期间，各府县选拔优秀分子到上海接受培养教育，迄今已逾千人。每年夏秋分派即将毕业的学生到中国各省作实地考察。从山川城邑到人情风俗，从物资特产到农牧收成、水陆交通等，巨细靡漏，无所不包。彼等北渡黄河，逾阴山；西越秦岭，履蜀道，攀峨眉；南踏滇粤之区，历苗瑶之野，栉风沐雨，勇往迈进，足迹几乎遍布中国各省，调查稿件达 20 万页余。本书即以此调查报告为主，在旧方志基础上加以新的内容修订而成。"以中国固有旧方志为基础，又大量补充东亚同文书院调查材料，并部勒以近代地方志体例，是《中国省别全志》的修纂特色。

　　从昭和十六年（1941）起，东亚同文会又编纂《新修中国省别全志》，东亚同文书院大学名誉教授马场锹太郎任总编。至 1945 年日本战败，共出 9 卷：第一卷四川省上，第二卷四川省下，第三卷云南省，第四卷贵州省上，第五卷贵州省下，第六卷陕西省，第七卷甘肃省宁夏省，第八卷新疆省，第九卷青海省、西康省。各卷述及自然环境、人文、都市、矿产资源、工业、商贸、财政金融、度量衡、交通运输附邮政及名胜古迹。值得注意的是，新修本所涉省区皆为尚未被日本侵占的国统区，此志书显然是为日本攻略大西南、大西北做资料准备。

五

近代日本从其对外扩张的战略出发开展的长时期、巨细无遗的中国调查，以满铁调查部所做的东北、华北、华东"惯行调查"最著声名，也较为广泛地被世界各国研究中国问题的机构和专家所使用。然而，在近代日本关于中国调查的诸多系统中，东亚同文书院及其前身汉口乐善堂、上海日清贸易研究所的中国旅行调查，持续时间最长（从 19 世纪 80 年代中期至 20 世纪 40 年代中期，长达 60 年，而满铁调查不足 40 年），调查地域分布最广（除西藏、台湾之外的全部中国省区，还涉及邻近中国的西伯利亚、东南亚地区，满铁调查则限于东北、华北、华东），调查材料（主要是旅行记和调查报告两大类）又基本保存完好，而且相对集中（原件现分别藏于日本丰桥的爱知大学图书馆和中国北京的国家图书馆）。但是，对于东亚同文书院及其前身在中国长达半世纪以上的办学活动，特别是其开展的持续、系统的中国旅行调查，较少为世人注意，相关的资料搜集整理、研究、利用尚未充分展开。

笔者 1996 年初访东亚同文书院后身——日本的爱知大学（1945 年日本战败，在上海的东亚同文书院大学撤回日本，吸收自台湾"帝国大学"和韩国"帝国大学"撤回人员，1946 年在爱知县丰桥市组建爱知大学），开始接触这批材料，当即著文《日本"中国学"的启示》（《江汉论坛》1996 年第 10 期）加以介绍，以引起学界对东亚同文书院及其中国调查的关注。1998—2001 年笔者在爱知大学讲学期间，与同事刘柏林教授在名古屋、东京等处访问东亚同文书院在世老人，在爱知大学图书馆、北京图书馆（今国家图书馆）广泛查阅相关原始材料，并着手介绍、评析这一广涉晚清、民国的社会调查的资料渊薮，先后整理出版《上海东亚同文书院大旅行记录》（商务印书馆2000 年版），《东亚同文书院中国调查资料选译》上、中、下册（社会科学文献出版社 2012 年版）。然因力量单薄，其间还遭遇意料之外的坎坷，故进展有限。但这一介绍评析工作的正当性与必要性毋庸置疑——它让我们具体了解近代日本从事中国调查的广度与深度，认识其侵占中国的用心之深、用力之切，从而激发国人警醒；同时，通过展示日本的中国调查材料及其加工成品，也为晚清、民国研究敞开一个鲜为人知的资料库，并从方法论上提供若干研究国情、地情的启发。这项工作既然有益于学术发展，有益于对近代中国、近代日本的认识，便应当坚持下去。令人感奋的是，国家图书馆出版社高瞻远瞩，决定系统整理出版东亚同文书院的中国调查材料，首先从再版《中国省别全志》与《新修中国省别全志》入手，这是颇有学术价值的举措，我们乐观其成。

2015 年 3 月 31 日于武昌珞珈山

《王葆心文集》序言

自儿时起，笔者即从先父母处得闻"王葆心"
（1868—1944）英名（父母多以其字"季芗"先生称
之），获悉这位博学鸿儒，抗日战争期间避居故里罗
田，与同期返回鄂东山区的先父母交谊甚笃，其女
公子王琪、王醇，在先父母任教的湖北省立第二高中
就读（二高所在地，也即吾之出生地罗田三解元，与
季芗先生居地仅数十里之遥）。先生挥毫为先父冯永
轩珍藏之唐人写经题跋，又鸿雁往还数十通，研讨文
史，并合议后辈教育问题。今存七通以"永轩先生左
右"抬头、"葆心拜启"结尾的书信，是吾辈青少年
时代学习函札的范本。

一

王葆心先生 6 岁入私塾紫云庵，即显异禀。攻读黄州经古书院后，26 岁入张文襄创办的"存书院之名、有新学堂之实"的两湖书院深造，得兼通中外的名师指教，广览新旧典册，领悟传统学术和新式教育英华，服膺民主、共和、科学理念，古今中西之学熔铸一炉，守先待后，**终由底蕴深厚的传统士子演进为近世国学大师**，颇与章太炎相类。

先生英年博学，清末以经学第一名录取秀才，中乡试第三名举人，举贡考名列第一，任罗田义川书院院长、汉阳府学堂教习，39 岁入北京，先后任京师大学堂教习、学部总务司行走、学部主事，被聘礼学馆纂修，编《大清通礼》，"得遍观学部聚藏之方志"。辛亥武昌首义，先生闻讯，欢欣鼓舞，与友人在天津成立革命团体"天命社"，1912 年辞京师之职，南下返鄂，受聘湖北革命实录馆总纂，突破旧史轨范，力主"民权代君权""民人全体为本纪之主体""革命史应为生人立传"，编修《湖北革命实录》，纂集辛亥革命（尤其是武昌首义）大批第一手材料，奠定国内外辛亥革命史研究之资料初基。

民初历任湖南省官书报局总纂、京师图书馆总纂、武昌高师教授、湖北国学馆馆长、武汉大学教授、湖北通志馆总纂。抗战军兴，王葆心于 1938 年武汉沦陷前夕，辞职回故乡罗田，在艰困条件下主持重修罗田县志，以古稀高龄，实地踏访山川胜迹，对旧志纠谬补漏。为考订宋元之际、明清之际楚东义民筑寨保乡御敌故事，以激励正在艰苦抗战的军民，1943 年秋，抱病踏察罗田天堂寨，董累过度，一病不起，次年春溘然长逝，享寿 77。讣告传至重庆，各届祭奠，董必武亲往吊唁，赠挽联云："楚国以为宝；今人失所师。"此联书于罗田王葆心墓门。笔者曾与王先生族后裔阁志专程拜谒。

王先生晚岁撰成新修罗田县志三百万言，其篇什曾为识者阅览，赞其"考据之力"，盛称"诚为奇作"。然战乱、政乱纷扰，志稿多已散佚。此前王先生任湖北通志馆总纂期间奔走南北、广搜博采，费尽心力重修《湖北通志》，也因国难频仍而未能成书。少时常闻先父念及此类事而叹息不已，这也成为笔者多年呼吁搜集、整理前哲遗篇的动因。

二

王葆心学识渊雅，著述宏富，主张"学不可偏废，义理、词章、考订三者缺一不可"，为学"始于条理，终于贯通；始于剖析门户，终于不分门户"，呼吸三千年学术精华，在经学、史学、教育学、方志学、文学、民俗学、目录学诸领域皆有建树。所撰《历朝经学变迁史》(即《经学通诉》)《经学研究前后编》(前篇为读经总法，后篇为读经各法)，可作研习经学座右。《古文辞通义》(原名《高等文学讲义》)兼为国文典和文学史，时人惊为"巨著"(梁节庵语)、"百年无此作"(林琴南语)，1906年出版，次年被学部审定为中等以上各种学堂参考书。所撰《中国教育史》钩玄提要，将三千年中国教育历程勒成系统。《晦堂文钞》《晦堂文稿》为500篇短论汇集。

先生有深挚的乡邦情结，终生究心方志修纂及地方史研究。所著《虞初支志》《蕲黄四十八砦纪事》《明季江淮七十二寨纪事》《罗田靖难记》《续汉口丛谈》《再续汉口丛谈》《三续汉口丛谈》《天完志略》《天完本纪》，依据罕见乃至首见史料(包括采访口述记录），"无一字无来历"，成地方史杰构系列。所编《江汉献征录》《湖北诗征长编》《鸠兹文在》《鸠兹诗在》及合编《湖北文征》（收元明清三朝文献八千余篇、洋洋六百万言），乃卷帙浩繁的鄂省文献集成，将长久沾溉后人。其手撰《重修黄鹤楼募捐启》，大气磅礴，典丽博雅，传诵经年。

三

方志学研究是王葆心先生的一项突出贡献，在此一领域，可谓古今无出其右者。

中国地方志修纂历史悠久，篇什之繁富，世罕其匹，但作为对方志现象的运行规律作系统研究，以成方志编纂理论，则少有问津。明清之际顾炎武，清人顾祖禹、戴震、章学诚等留下若干方志学说论（如章氏有"方志乃一方之全史"说），然皆属片断散议。梁启超1924年首先提出"方志学"概念，亦语焉未详。而总结古来丰富而驳杂的修志经验，勒成周详系统之方志学论著，实始于王葆心。王氏倾15载心力，撰"集方志学之大成"的《方志学发微》，1936年书毕，全篇25卷，约50万言，分取材篇、纂校篇、导源篇、派别篇、反变篇、赓续篇、义例篇等七部分，构筑完备的方志学理论与方法，被称之"旧时代方志遗产的总结，新时代方志革新的萌芽""方志学界一次革命性的创新"。王氏又有《增补修志通则》《采访志书条例》《重修湖北通志条仪》《清代方志撰著派与纂辑派争持论评》等专论，指明兼领"撰著"与"纂辑"的方志学理路。

笔者等躬逢其盛的 20 世纪 80 年代兴起的新修地方志工作，在一定程度上是在王氏方志学理论与方法导引下展开的。

四

王葆心秉持"表彰微隐，而发扬民族之幽光"的宏愿，终生编著不辍，既述且作，留下数百万字文稿，包括：（1）独撰经学、方志学等领域专论，（2）编校、点评昔贤遗篇，（3）纂集规模浩大的湖北文献。1937 年王氏七十寿诞，学界友人及门生集资，拟刊印文集，因抗日战争爆发而未果。此前后，王著出版有《古文辞通义》《方志学发微》（部分）《虞初支志》《蕲黄四十八砦纪事》《明季江淮七十二寨纪事》《续汉口丛谈》《再续汉口丛谈》《天完徐氏国史》《罗田靖难记》《罗田团练始末记》等，大量未刊文稿散存数处。值得庆幸的是，时至新世纪，湖北省博物馆集合王著文本，聘请武汉大学、华中师范大学、湖北大学、湖北省社会科学院、湖北省图书馆等学术单位相关专家协作，数年勉力，编纂整理卷帙浩繁的《王葆心文集》，其存史、资治、教化之效，展开在望。

今次整理之王氏文集，对《古文辞通义》《蕲黄四十八砦纪事》《续汉口丛谈》等先期出版物，再作校订；对诸如《方志学发微》一类过去仅印行节本者，辑成全本；至于大量初稿、草稿，则尽力汇集、补正，有些只能以片断呈现。总之，吾省倾力搜集、编次、修订、编辑之《王葆心文集》，乃目前所见王著的总汇本。

"睹乔木而思故家，考文献而爱旧邦"，季芗先生论著激起吾辈家国天下渊渊情思及对先哲之缅怀景仰。

谨以此集呈献先生在天之灵，并供今人后人研习利用，不亦幸乎！

2019 年 5 月 4 日　时在季芗先生一百五十一冥寿
　　　敬撰于武汉大学中国传统文化研究中心

与贺觉非先生撰
《辛亥武昌首义史》

———

湖北是声色壮丽的中国近代史的一个重要舞台。这里曾经是林则徐义无反顾地推行禁烟运动的起始处，太平军与湘军反复较量的"四战之地"，洋务派后期巨擘张之洞实施"新政"的基点，自立军起义并遭屠戮的所在。当人们历数湖北近代发生的重大事件时，都不会忘记，20世纪初叶，反清革命运动曾在这个省份风起云涌，省垣武昌爆发结束中国两千余年专制帝制的新军起义，将以孙中山为旗帜的奋斗多年的革命运动推向高峰。武昌首义作为辛亥革命的一个关键环节彪炳青史，它从酝酿、爆发、扩展到失败的历程，相当充分地显示了中国近代社会的若干基本特征，因而成为一个值得认真探讨的典型案例，为众多中外史家所关注。同时，这段史事浓郁的地方人文色彩，对热爱乡邦者尤具魅力。三烈士纪念碑、彭刘杨路、首义路、首义公园、起义门、阅马场湖北军政府旧址、拜将纪念碑、蛇山头黄兴铜像是我这样的"老武昌"从幼年时代起便经常流连徜徉的处所，时至壮年，每当重游首义胜迹，仍然会激起异样的热情。至于首义先烈的故事，连同其中包蕴着的爱国主义和民主精神，则通过前辈的讲述和书本上的文字，如同"润物细无声"的春雨滋养着吾侪心田。与辛亥武昌首义密切相关的张之洞、吴禄贞等人物的思想行迹，也对我有着特别的吸引力。

正是上述一切，培植了我对辛亥武昌首义及前后史事的拳拳情怀，并驱使自己从致力史学工作之始，便有意探究这段悲壮而又曲折多致的历史，20 世纪 70 年代末期还产生过用小说形式表现辛亥武昌首义的设想，并曾形诸文字，终因自忖短于形象思维而没有继续下去。

正当我在寻觅钻研辛亥武昌首义史的升堂入室之径时，经由先父的朋友张云冕先生介绍，于 1980 年初结识长期从事辛亥革命史料搜集整理工作的贺觉非先生。

　　岁月的流逝，已经模糊了初识贺先生具体场合的记忆，但贺先生的风趣谦和、谈锋甚健使我们的首次会面立即变得亲切融洽，这一印象则鲜明如昨。他同我交谈几句后，便操着竹溪乡音大声说："我知道你，你是华师一附中的高才生。"此时我才得知，时年七十的贺先生曾经是华中师院一附中的历史教员，1957 年被打成右派，下放当阳草埠湖农场劳动；而我恰恰在该年进入华师一附中念高中，长期以来没有听说过贺先生其人其事。若非撰写《辛亥武昌首义史》的因缘于 20 世纪 80 年代初期相逢，则几乎同这位老师失之交臂。

　　贺先生接着说，他已从张云冕先生处得见我撰写的有关武昌首义的论文，以为所见略同，并笑着说："吾道不孤。"贺先生还兴味盎然地讲述他自 50 年代中期以来受湖北省政协委托，广为接触首义老人，搜集整理辛亥武昌首义史资料，主持编辑《辛亥首义回忆录》1~4 辑的情形，特别绘声绘色地谈及他与李西屏、李春萱、熊秉坤、张裕昆、杨玉如、耿伯钊、李白贞等武昌首义参加者交往的细节。我则回忆起，耿伯钊是我们家的老邻居。我小时候见过耿伯钊身披黑色斗篷，手执拐杖的挺拔军人气度。贺先生说，耿1957年也被打成右派，晚境悲凉。贺先生感慨道："现在首义老人只有赵师梅、喻育之硕果仅存了，而50年代中期至60年代，首义老人健在者居于武汉市的，不下600人，我与他们几乎都有程度不等的交往。"以后我得知，贺先生还同首义老人的子女辈建立深厚友谊，辛亥后裔们常到贺老这里询问老辈往事，贺老则诱导他们回忆老辈行迹，鼓励他们捐献辛亥革命文物，提供有关文献。70年代末、80年代初，贺老成为辛亥后裔聚会、交流信息的枢纽。而且，长期以来，贺先生还是向省里反映首义老人及其亲属苦衷和要求的桥梁，并为他们解决过不少实际困难。今日，许多辛亥后裔成为省、市、区各级政协委员，或民主党派各级负责人，他们的意见比较容易"上传"了，而在80年代初期以前，自身处境并不好的贺先生为辛亥老人及其后裔所做的种种工作，尤其值得缅怀。

大约经过两次商谈，贺先生与我便达成合作撰写"辛亥武昌首义史"的共识。此前，贺先生已与中国社会科学院近代史研究所联系，并将自己撰写的"首义史稿"文稿交给该所，拟与之合作撰成"首义史"。但时间过去一年有余，尚未从近代史所获得明确回应。自感来日无多的贺先生决定另觅合作者，并拜托我去北京，从近代史所取回他的文稿。约在1980年年末，我专程赴京，造访著名的王府井大街东厂胡同，这是我第一次前往近代史研究所，由此结识丁守和、王庆成、耿云志、张海鹏、杨天石、王岐山诸君。

近代史所有关同志对长期搜集整理辛亥革命史资料的贺先生都怀有敬意，但他们又明确表示，贺先生的文稿，是一种随感式写法，不具备一部史学专著的修改基础，需要整个重写。而近代史所诸人正忙于"中华民国史"的写作，难以抽出力量改写"首义史"。近代史所诸同志很支持我与贺老合作，但他们善意地指出："改写这部文稿，其难度可能比自己单独写一本书更大。"近代史所还派时任近代史所助理研究员的王岐山带领我到北京各档案馆、博物馆、图书馆查找辛亥革命史资料。记得岐山有一辆当时比较难得的自备摩托车，他驾驶摩托车，我坐后座，奔驰于近代史所、北京图书馆等处之间，历经数日。1995年秋，时任建设银行行长的王岐山来武汉大学主持建设银行"行长班"开学典礼，与我约见，忆及10余年前的这段往事，追怀辞世的贺先生，颇多感慨。

1980年底返回武汉以后，我婉转地向贺先生报告近代史所对他的文稿的意见。正当我于吞吞吐吐不便措辞之间，已经明白意思的贺先生十分坦然，没有流露些许不快，他笑着说："是的，是的，他们的意见不错。我的稿子，只是一些'砖头瓦片'。如何建造房子，得靠你的学问才力。你不必有顾虑，只管重起炉灶，另写就是。"贺先生的此等襟怀，赢得了我对他较深一层的尊敬。我们的合作，也就十分愉快地开始了。

贺先生一方面放手让我独自撰写书稿，一方面又多次详谈他所熟知的首义掌故，并悉数拿出他多年搜集的辛亥革命史资料。我由此得知如下情节——

第一，70年代末期，我在广为阅览辛亥革命史论著时，曾读过《光明日报》史学栏60年代初期刊载的署名"扬苏""扬樵"的文章《试论自立军事件》和

《辛亥革命武昌首义文献述略》，留下颇深印象，尤其钦佩后文占有材料的广博，但不知扬氏为何许人，曾向同道探听，也未获所以。而现在贺先生交给我的材料中，便有此二文，于是我即兴询问二文作者何人，贺老呵呵大笑曰："扬苏、扬樵，即老夫贺觉非笔名也！"他进而解释说，60年代初，他正戴着"右派"帽子，即使摘了帽子也是"摘帽右派"，哪里够格到《光明日报》上发表文章，于是以夫人名义投寄文章，署名"扬苏""扬樵"。谈及此事时，贺先生夫人杨正苏老师也在场，笑得合不拢嘴。杨老师是四川人，为清代嘉道间名将杨遇春［1761—1837，四川崇庆（今崇州）人］后裔。杨老师数次向我谈及英武的先祖时，眉宇间都流露出骄傲的神色。

第二，贺先生交给我的他手撰的种种笔记，大都纸质粗劣，有的竟是60年代的香烟盒，上面写着密密麻麻的蝇头小字，甚难辨识。杨老师特为解释道："我解放前当小学教员，解放初离职，照料老贺生活。当时老贺一月90多元，两人蛮好过。1957年老贺被打成右派，工资减半，我又没有收入，生活很困难。1960年前后，买一本笔记本、一沓稿纸都得从牙缝里挤，没得法，老贺就到处拾废纸，捡香烟盒，充作资料卡片用。"这便是贺先生给我的一大沓灰黄色、浅黑色纸片的由来，上面记载着50年代末60年代初贺先生跋涉（这里用的是"跋涉"一词的本义，即徒步行走，因为贺先生那时没有钱搭公共汽车，多为步行）于武汉三镇间，到熊秉坤、杨玉如等首义参加者家中采访的内容。杨老师还告诉我："反右时挨批斗，'文革'中游街、抄家，老贺别的都不担心，就怕这些资料损失了，要我想天方、设地法保存好。我也真是这样做的，家里别的什物我都不管，唯独这些破本子、小纸片，我是一本本、一张张收藏得严严实实。现在可好了，这些本子、纸片可以交给冯老师写进书里去了，我的心愿也算了却了。"杨老师每次讲起这一话题，总是眼圈发红。贺先生在一旁却笑嘻嘻地说："你看你，又多愁善感了吧！现在应该高兴，你保存的材料得见天日了！"

面对着这等来历的资料，面对着如此善良、坚毅的两位老人，我的心震颤起来，暗自决断——困难再大，也要把这本书写好！

我的学术工作辟有两线，一为文化史，一为湖北地方史志，而且前者为主，后者为辅，故不能以较多的时间精力投入"首义史"写作，1981—1982 年，时断时续，往往是贺先生催促得急，进度稍快，否则进度甚慢。当此之际，贺老于 1982 年 11 月 18 日因心肌梗死辞世。第二天，省政协文史办公室通知我，我立即赶至贺家，泪流满面的杨老师握住我的双手说："老贺的最大心愿，就是首义史出版。以后就辛苦你冯老师了！"我默默地承接了这位没有后嗣的老人的企望，此后果真加快了撰写的速度，终于在 1984 年 9 月完成 40 余万言的《辛亥武昌首义史》，1985 年 9 月，以贺觉非第一署名、我为第二署名的该书由湖北人民出版社出版，1988 年该书获武汉优秀社会科学著作一等奖。我先后给杨老师送稿费、样书和奖金时，因无子女而晚景尤显凄清的杨老师总是喃喃地说："老贺，老贺，您地下有灵，也该安心了！"

应当说明的是，1984 年成稿、1985 年出版的《辛亥武昌首义史》的文本，1982 年逝世的贺老未及亲览。虽然在写作中我曾就一些问题与贺老磋商，但不一定都取得一致意见，而我便先依己见写出再说，本拟留待全稿完成后再同贺老逐一讨论，而因贺老骤逝终于失去这种机会。现在读者看到的《辛亥武昌首义史》的若干论断，如湖北革命团体的肇始应为花园山聚会，而并非之后的科学补习所；汉口宝善里机关失事时间为 1911 年 10 月 9 日，并非 10 月 8 日；打响首义第一枪的是程正瀛，而并非熊秉坤；1911 年 10 月 10 日率先起事的是城外辎重队，而并非城内工程营；早在 1911 年 4 月至 6 月，党人已有举黎元洪为都督之议，首义后黎任都督并非纯属偶然，等等，均与贺老意见相左。这些结论是我广为占有各方材料，加以比较分析之后获得的，虽与贺老一向观点有别，也只能依"吾爱吾师，吾尤爱真理"的宗旨处置了。相信贺老在冥冥之中，会理解这种做法。

在与贺先生交往的两年间还逐渐得悉他的生平。现以《湖北省志·人物志稿》的《贺觉非传》为线索，结合自己的见闻略记其事迹。

贺觉非（1910—1982），字策修，湖北竹溪县丰溪人。幼年喜读史部，后入武昌中华大学，未毕业即任武昌三楚中学历史教员，不久入中央军校 10 期学习。1934 年，随军委会参谋团入川，任参谋团政训处科员。后调刘文辉部，1940 年随军入西康，沿途留心考察形胜人文，成七言绝句百数十首，对山川隘要、民生疾苦多有记述。后又博征文献，撰《西康纪事诗本事注》一卷，重庆史学书局出版。次年任理化县县长。实地勘查山水物产，探访藏胞、高僧、老吏，搜集民俗轶闻，又遍读四川地方志，于1944年修成《理化县志》。足见贺先生探访、记载地方史事的努力，始于青年时代，这是对中国史学一种优良传统的承袭。贺先生1949年后成为辛亥武昌首义史料搜集整理最有实绩者，确非偶然。

抗日战争胜利后贺先生回湖北，任汉口市政府秘书、三民区区长。1947年任竹溪县县长。1949年任新编118军少将高参，随军到成都，参与筹划该军起义。118军起义后，中国人民解放军将领贺龙、王新亭、胡耀邦曾宴请118军军长邓锡侯等高级军官，贺先生在座。80年代初，贺先生与我闲谈时说，当年在宴会席间，贺龙在得知贺觉非的姓名后，专门走到他身边，拍着贺先生肩膀说："老弟，姓贺的不多，你要好好干！"贺先生还几次对我说，1949年成都宴会上的国共两方面人物，如邓锡侯、贺龙、王新亭等，均已作古，现今在世的只剩胡耀邦同志和贺某人了。

贺老为此不胜唏嘘。他十分感佩耀邦同志主持中组部时平反冤狱（包括改正右派）的雄才大略，几次对我说，"首义史"印行以后，一定要赠送耀邦。但贺老终于在"首义史"成书之前仙逝；1985年《首义史》出版后，我也曾经想到赠书耀邦同志，以了却贺老遗愿，但因朝野远隔，不便打扰而搁置下来。耀邦同志又于1989年辞世，贺老的赠书意愿终成永远的遗憾。

1950年初，贺先生参加中南军政大学学习。1953年结业后回武汉，任湖北省人民政府参事室研究员，这是对起义人员的惯例安排，而贺先生认为自己正当盛年，还可做些实事，于是主动争取到中南工农速成中学、华中师院附中任历史教员。1956年，贺先生被邀为省政协第二届委员，受命搜集整理辛亥武昌首义资料，由此开始他孜孜不倦的辛亥首义史研习工作，遂有前述种种事迹及80年代初与我的一段忘年之交。

1977年以后，贺先生相继担任湖北省政协第四届委员，中国国民党革命委员会湖北省委委员、省政协文史资料委员会委员、省地方志编委会编委、中国地方志协会党务理事、武汉地方志编委会编委、省志人物志顾问。值得一提的是，贺先生以丰富的修志经验和渊博的湖北地方史知识，对湖北省、武汉市地方志的修纂工作多有贡献，这是省市方志界的一致评价。贺先生编撰多年，原拟作为"首义史"附录的《辛亥武昌首义人物传》上下两卷，经王岐山整理，1982 年 10 月由中华书局出版；1983 年，省地方志办公室刊印其所撰《辛亥革命湖北人物传资料选编》。惜乎这些著作连同《辛亥武昌首义史》，都是在贺先生作古之后方陆续面世的。但这位诚挚勤勉、放达乐观的老人以心血投入的武昌首义资料搜集整理及研究工作，以其切实的、不可替代的价值，必将随辛亥首义这一光辉的史事一同为后人所纪念。

永远的老水手
——诗人曾卓祭

曾卓先生辞世时（2002 年 4 月），我在日本访学，回国后方从友人处得到消息，万千感慨顿然袭上心头。永别了，不倦不屈地追求理想的诗魂！

自少时起，我便喜欢诗歌，李、杜、苏、辛时时咏唱，普希金、裴多菲、雪莱、惠特曼的名篇也偶尔吟哦，但对于中国的现代自由诗却提不起兴趣，以为是散文分行，情韵寡然，在我的记忆库里实在找不出几首新诗。这种对新诗的偏颇之见发生改变，因于结识曾卓。

约在 1978 年初，我到武汉话剧院做过几个月"工作队"。由于厌倦"政治斗争"，我抛下工作队的

"清查"任务于不顾，成天参与研讨戏目、排演戏剧，因此受到上级"不务正业"的严厉批评，但我仍乐此不疲。在自找的"研戏"过程中，结识了马奕、金奇、陈旷、胡庆树、晏修华、鄢继烈等一批演员、编导。大家熟悉以后，有人便向我透露：话剧院有一位靠边站的编剧，是"胡风分子"，很有才气，60年代话剧院上演的《江姐》就出自他的手笔。说者无意，听者有心——我是一个"鲁迅迷"，从鲁迅晚期杂文中略知胡风，并读到一些胡风的文论与诗作，感觉胡风的思路文脉颇与鲁迅相通，虽然那时胡风被视为"反革命"，还是"集团"之首，但私心对胡风却隐怀敬意。既然话剧院藏着一位"胡风分子"，便想一睹其人，于是找机会与之在院内一处偏僻小屋见面。记得来人瘦削，五十多岁（恰比我年长二十），脸上皱纹深刻，目光炯炯，气度于平和中蕴藏尊严。我们握手后，他用地道的武汉话自我介绍："我叫曾卓，话剧院曾经的编剧。"我笑答："你是话剧院最有才华的编剧，现在暂时闲置。"我们的交谈内容已然失忆，但彼此视为可交，却是无疑的。此后十多年，曾卓的境遇大有改善，我的工作单位也更换三次，但曾卓总能找到我的新通信地址，约我前往汉口聚会。在这些年月里，我了解到他的不凡身世，记住了他的卓异诗篇，而且两者完全融为一体，真正是"诗如其人"。自此，我对新诗有了新的认识。

> 老水手坐在岩石上
>
> 敞开衣襟，像敞开他的心
>
> 面向大海
>
> ……
>
> 他怀念大海，向往大海：
>
> 风暴，巨浪，暗礁，漩涡
>
> 和死亡搏斗而战胜死亡……
>
> 　　　　　　（《老水手的歌》）

这是曾卓的诗，也是曾卓的人生。老水手就是曾卓，曾卓就是搏击于大海洪涛巨浪间的老水手。

老水手告诉我们："大海"是"梦想的象征，有时是生活的象征，有时是生命的象征"：

> 我渴望去过一种不平凡的生活，去与恶人斗争，去经历风浪，去征服海洋……（《我为什么常常写海》）

老水手还告诉我们：

> 诗人必须在生活的洪流中去沐浴自己的灵魂。必须心中有光，才能在生活中看到诗，才能在诗中照亮他所歌唱的生活。

曾卓的诗，是从心中喷涌出来的，这鲜血般的诗之所以炽烈，是因为他"心中有光"。从青少年时代，曾卓便向往光明，在那风雨如磐的岁月，他不惜一切地追求进步，投身于改变积贫积弱的旧中国的波澜壮阔的民主革命。这种向往与追求，当然包蕴着罗曼蒂克成分，但那种真诚却是坚贞不渝的。中年时代，他遭到重击，被打成"反革命"，似乎陷入万劫不复。然而，曾卓"心中有光"，理想的力量支撑着他走过艰辛的历程。"愤怒出诗人"，逆境中的曾卓，在理想之光烛照下，吟诵出他的最卓越的诗章。

1970 年，曾卓用诗歌描摹了一个坚毅的形象：

> 不知道是什么奇异的风
>
> 将一棵树吹到了那边——
>
> 平原的尽头
>
> 临近深谷的悬崖上

　　它倾听远处森林的喧哗

　　和深谷中小溪的歌唱

　　它孤独地站在那里

　　显得寂寞而又倔强

　　它的弯曲的身体

　　留下了风的形状

　　它似乎即将倾跌进深谷里

　　却又像是要展翅飞翔……

（《悬崖边的树》）

　　这是曾卓的诗，也是曾卓的人生。

　　悬崖边的树——正是身处万般艰困却坚执理想的诗人的写照，即使将"跌进深谷"，却仍然"要展翅飞翔"。

　　20 世纪前半叶的中国处于革命时代，辛亥革命、国民革命、共产革命……后浪推前浪。革命时代留下的遗产斑驳陆离，辉煌与芜杂并存，将其神圣化或妖魔化都是反历史主义的。曾卓是革命时代的产儿，是革命理想精华部分的承袭者，他的坎坷经历和敏锐感受，促成他对革命及其理想做出诗性反思，这得益于他忠实生活，又不懈地追逐理想。曾卓说：

> 诗人应该有两翼：一翼紧紧依傍着大地，一翼高高地伸向天空。（《诗人的两翼》）

植根于民众社会生活的土壤，追求人类文明发展的宏远理想，是曾卓诗篇感人的源泉，"两翼说"也是曾卓留给我们的不朽遗嘱。

在清理革命遗产的现时代，在普遍追求实利的现时代，坚执理想崇高性的曾卓尤其显得可贵。

近20年我游走于世界各地，在巴黎、洛杉矶、东京、法兰克福、布鲁塞尔、上海、新加坡的街头，不时可以看见身着切·格瓦拉像T恤的人们在行走；在天涯海角也能发现献身真善美的新人，表明在理想主义较为稀缺的当代，人类仍然保留着对理想的渴望。而每当涌起关于理想崇高性、理想不可或缺性的遐思之际，必然回响起老水手的歌唱。

白水田护书

1983 年冬季，我的一位老学生、时在湖北浠水县教育局教研室工作的张为民打来长途电话，告知浠水县博物馆藏书甚富，明版、清版线装书充溢文庙整个大礼堂。为民君素知我有求书览古的爱好，特邀我于寒假间来浠水一观。我立即放下手头笔墨事务，乘长途汽车直奔浠水。

其时恰值春节前夕，浠水县政府各局、委、办正忙于分"年货"，不宽敞的县城街道穿行着手提肩挑鸡鸭鱼肉、糍粑绿豆的各色人等，张为民领着我穿行其间，一边介绍县委县政府各机关获得年货进贡的种种渠道。笑语间，我们到达显得冷清的浠水县博物馆，得到县文化局、县博物馆两位同志接待，他们把我引入文庙大礼堂，那里密集排满书柜书架，多存放线装古籍。我当时正在研究明清经世实学，遂在文庙寻找《皇明经世文编》《皇朝经世文编》，很快便找到卷帙浩繁的二书，各种经世文编的续编本也一应俱全陈列架上。由此一端，我便深佩这里古籍之富，进而询问缘由安在。博物馆同志说，浠水文庙始建北宋，是湖北今存的两座文庙之一。千年文庙收藏历代文物典籍，其质高量大，冠于全省诸县。浠水列为全国富藏文物古籍的县份之一，这与明清以来，浠水形成一种传统有关：凡读书出仕者，返乡时都有给县里捐赠图籍的义务，几百年下来，浠水便成为藏书之所、读书之乡。经数十年征集，浠水县博物馆藏有文物珍品 6000 多件，线装书 6800 多种，42000 多册，其中明清善本 1100 余册，旧方志 132 种，碑帖 958 份，古代名人字画 1100 件、古印章 160 件、碑刻 40 余件……

我在浠水文庙大礼堂观书数日，相随的为民君说，浠水能够保存数量巨大的古籍，除得益明清以来的捐书、藏书传统之外，还与一位老干部勇毅卓绝的护书努力直接相关。这位老干部酷爱读书，喜交读书人、著书人，他听说冯先生来浠水观书，近日便会前来与您相晤。果然，已进年关的第二天，一位身材矮小瘦削的老者来到文庙大礼堂，陪同者介绍：这是我们黄冈地区的白水田专员，特地从黄州赶来看望冯先生。我连称"不敢当"，并说拜访白老前辈是此行的重要目的。于是，我与白专员双手紧握，发现他手劲甚大，没想到这么瘦小的躯体竟有如此强劲的力量。

我们的交谈，主要是倾听白水田讲述他的丰富经历，我只偶尔插问。白专员操着浓厚的山西口音，自称"土八路"出身，只念过中学，却是一个爱读书的"土八路"。他讲到抗日战争、解放战争转战华北华中的经历，1949年南下，担任新中国第一任浠水县县长。他出任县长之际，恰逢土地改革。与全国大多数地区一样，浠水农民在没收地主、旧官员田地的同时，还分配其"浮财"。地主、官员家多聚有书籍及字画等文物，此种"浮财"并不为农民重视，往往在获取书柜、博古架后，将书籍、文物抛弃在打谷晒场、屋旁房边，此正可谓"买椟还珠"。走访乡里的白水田发现这类现象，立即下令，全县各处抛弃散落的书籍、文物，全部收交县里。1953 年白县长决定在文庙成立县文物保管处，聘请文史知识丰富的小学教员王祖佑做文管处的文物管理员，浠水的古籍文物得以保存与整理。据悉，诸相邻县份土改期间从地主、官员家中搜出的书籍文物多半被焚烧或被私分，那正是"文革""扫四旧"的一次预演。

白水田护书，第一次在土改期间，他以县长的行政力量，汇集、保存抛撒的古籍文物，使其免于损失。这置之全省、全国各县，大约是不可多见的事例。

白水田还向我绘声绘色地讲了他护书的第二个故事：1966 年春末，"文革"正式爆发前夕，白水田意识到一场大规模政治运动即将来临，他的浠水县县长的位置很可能会被端掉，说不定还会被打成"反革命"。他也估计到，这场政治风暴袭来，浠水县珍藏的古籍和文物将被扫荡殆尽。白水田说："我彻夜想办法藏匿那批古籍，但所设想的办法都被自己推翻。"讲到这里，白水田现出一丝得意的微笑，"我终于想到，何不运用做县长的最后权力，调集民工，将文庙大礼堂的门窗全用水泥砌砖，牢牢实实封闭起来？办法有了，我立马令人实施，文庙礼堂顿然成为一座难以攻入的护书堡垒。""不出所料，一个月后'文革'爆发，我被'打倒'，不久还戴上'反革命'帽子关进监牢，浠水县城一片'扫四旧'的呼声，当'扫四旧'队伍想打开文庙，以抢劫、焚烧古籍，但门窗封得太死，他们只得罢手，浠水文籍逃此一劫。我在牢房里获知文庙书籍文物安然无恙，为自己一个月前的防护措施偷偷地高兴好一阵。"

白水田还讲述了他亲历的许多颇有传奇色彩的故事，但怀着"浠水观书"目的来此的我，留下最深刻印象的是白公护书的两个段落。我们今日能够享用浠水县丰富的古籍特藏，不可忘却白水田老县长特立独行的保护古籍文物的英明行为。

白公两度护书的义举，置诸中国现代文化史的大格局中，是应当大书一笔的！

附记　白水田（1919—2009），出身山西省沁源县一个农民家庭，1936年参加山西牺盟会从事抗日工作，1938年加入中国共产党，同年入延安抗大和马列学院学习，以后转战湖南、湖北、江西、广东，中原突围后返延安中央党校二部学习。全国解放后，先后任浠水县县长、省农业厅副厅长等职，1979 年起任黄冈地区行署副专员，1985 年离休。2002 年当选党的十六大代表，2007 年当选党的十七大代表。

第五部分

"天教"——与饶宗颐先生晤谈一题

1989年春天，余赴香港中文大学讲学，行前，武汉大学石泉教授让我带一封信给他的老朋友——中大教授饶宗颐，这便成了我在香港拜谒饶宗颐先生的引子。在中文大学某会议室初见饶先生，递呈石先生信，当时在场人众，未能与饶先生交谈。几天后，极讲礼数的饶先生偕其助手，在中文大学附近的一座茶楼与余正式晤面。

那时的饶先生行年七十二，精神矍铄，谈锋甚健，记得曾议及王国维先生的甲骨学和《殷周制度论》《古史新证》，饶先生获悉我父亲是王先生执教清华国学院时的弟子，连称"天瑜家学深远"。以下我们的漫议转入中国人的宗教信仰，余依惯常之说，讲到欧洲人信仰基督教、中东则普被伊斯兰教，而中国虽有自生之道教、西来之佛教及种种民间信仰，却没有流行全民的宗教。饶先生思索片刻，微微笑道："其实中国也有普被全社会的宗教信仰，然百姓日用而不知。"余请问其详。饶先生慢慢道来："自先秦以下，中国人雅俗两层面都有一个最高信仰，这便是'天'，如果要给中国人普遍信奉的宗教给定名称，可以叫'天教'。"饶先生此言一出，余茅塞顿开，立即联想起自殷周以降的"敬天法祖"观念，以及广被民间的崇天意识，国人每发感慨，必曰"天呐"。饶先生还举出金文中"受天有大命"之类例子，论及崇信"天"及"天命"，由来有自，且传承不辍。我们谈兴正浓，饶先生的助手低声提醒：下面还有早已预订的事项。于是我们只得暂停晤谈，而饶先生欲罢不能，与我相约下次再议。

饶先生与我的第三次会面，在一个多月之后，已是我离开香港的前夕，好像是在新界一家面朝海湾的咖啡馆进行的。话题还是"天教"，所议涉及古今，又比较中外，讨论渐次深入。交谈间，余回忆起1964年前后，誊抄先父书稿《商周史》第七编《周之制度及文化》，内有一章讲"周人之宗教思想"，言及周人崇天，并举大量周金文（《大盂鼎》《大克鼎》《毛公鼎》《宗周钟》《叔夷钟》等）证之。记得父亲认为中国人崇天，"无时无之，无地无之"。那时我年届二十，不懂其中深意。在香港记起先父所论，与饶先生的"天教"说颇为切近。饶先生闻之甚喜，连称"吾与前贤同识，幸哉幸哉！"快议之余，饶先生建议我沿着父辈论说，就"天教"问题作文告世，余欣然应承。

饶先生渊源有自的"天教"说切关宏旨，是打开中国人的宇宙观、信仰观、宗教观迷局的锁钥。后来我在拙著《中华元典精神》等篇什中论及：中国文化的一大特色，是"循天道、尚人文"，其文化主流并未将神格推向极致，从而与鬼神论保持距离，也不至于陷入某种宗教迷狂（如欧洲中世纪那样）。"天道"和"自然"是中国人文精神的底蕴。当然，中国人的尊天信仰，并未发展成如基督教、佛教、伊斯兰教那样的有至上神（如上帝、佛、真主）、有宗教经典（如《圣经》《佛典》《古兰经》）的高级宗教，而呈现较散漫的自在状态，但对"天"的崇信则是普遍与持久的。中国人信仰的"天",既是自然之天,亦是神明之天,宇宙、社会、人生由其主宰。自古以来,中国人的信仰甚众,然普遍信仰的是"天道生机主义",它没有把中国人引向有组织的宗教,而是结成一种富于韧性的文化统系。尝谓中国文化传承不辍,在相当的意义上,是指国人对"天道自然"的笃信与坚持。以上对"天教"说的阐述,只是浅尝之论,未必全然符合饶先生意旨。余一直将"天教"说作为日后深研的一个文化史、宗教史题目,然学识所限,加之近年疾病缠身,似难对"天教"作深入探究,遗憾之余,切盼青年学人实现饶先生的寄望。

1999年10月,饶先生来武汉大学参加"郭店楚简国际学术研讨会",我们重晤珞珈山庄,因时间匆促,又另有主题,未及再议"天教"。饶先生当时题写《水龙吟》一首赠送武大中国文化研究院(中国传统文化研究中心之前身),内含"天教"说意旨。2001年,余编先父冯永轩收藏的书画,特请饶先生题写书名,饶先生很快托赴香港讲学的武汉大学陈国灿教授带来苍劲的魏碑体书法——

　　近代名人墨迹　冯永轩收藏

　　辛巳　选堂题

盖白文名章"饶宗颐印"。

　　饶先生今已百岁高龄，堪称学界老寿星，然其学术研究和艺术创作仍精进不已，正所谓"天行健，君子以自强不息"。饶先生提出的"天教"说，揭示了"天道生机主义"要旨，这是对中国文化史研究的一项贡献，有待后来人追迹深研。

伊原泽周先生赠书记 *

　　到位于名古屋及丰桥的爱知大学任教已历时一年多，相交的旧雨新知逐渐增加，使羁旅孤寂平添几分生趣，然而，每凡"有声自武汉来"，便顿生"他乡闻故音"的亲切感，足见"游子思乡"毕竟是难以摆脱的情怀。今年暮春，接到武汉大学胡德坤副校长打来的长途电话，说一位已入日本国籍多年的武大老校友伊原泽周（原名彭泽周）先生，拟将毕生藏书赠送武大。为减少寄送及接纳手续的繁复，希望我在日本协助。这当然是义不容辞的事情，于是便有了五月的"名古屋—京都"之旅，以拜会这位1947年毕业于武

---

* 本文原载《日本侨报》第15号，1999年8月25日。

汉大学历史系的前辈。我欣然此行，除受托于校方之外，隐隐还有"乡谊召唤"的意蕴在。

出行前，与伊原先生相约，我们在京都大学人文研究所见面。之先，我与爱知大学绪形康教授要在该所主持一个"关于五四运动八十周年"的访谈。访谈参加者有熟识多年的京都大学狭间直树教授等人。访谈时旁座的一位面貌清癯的老先生，有几分眼熟，他没有发言，却一直认真做笔记。会间我想起，1998 年夏天在北京大学举行的"戊戌维新 100 周年国际学术讨论会"上曾见过这位先生，于是便向他点头致意。访谈结束，期待的伊原先生似乎没有出现，我便对狭间先生说："借您办公室的电话一用，同伊原泽周先生联络一下。"站在一旁的那位瘦削的老先生连声说："我就是伊原泽周，我就是彭泽周哇!"我们的手立即紧紧握在一起。

此后两天，伊原先生带我先后去他在京都的住宅和在琵琶湖滨的别墅，参观他渊富的藏书。这两处二层楼房，除卧室、餐厅、卫生间外的房间，都满立书架，陈列着以中国及日本近现代史、外交史为主的书籍和期刊，包括中文、日文、英文三种文本，中文书以台湾地区出版的为多。其中有的丛书和成套期刊早已绝版，现在若欲购买，很难得手。这些书刊不少已装进纸箱。有些则摆放在地板上，准备装箱，呈"整装待发"之势。

在向我介绍图书的过程中，伊原先生不时抽出一本《历代宝案》(传世极少的琉球史料集)，讲论其学术价值；又抽出一本《革命文献》，说明其在研究中国现代史中的特殊作用。兴之所至，还神采飞扬地谈起某书作者、编者或售者的掌故及与他之间的交谊，并旁及得书的机遇。听着，听着，我油然而生感想——这批图书实在就是伊原先生的心血所系呀！伊原先生说："我一辈子读书、教书、著书，没有干过其他行当，也别无长物，走到哪里，都要逛书店、买书。在日本40多年下来，便有了这几屋子书。"他环顾四壁在架图书和摆满地板的图书，眼睛放射出异样的光芒。他接着又说："现在退休了，几家旧书店前来洽商购买这批藏书，我推辞了。京都大学或许需要这批藏书，但它的收藏丰富，我所有的，它几乎都有。"伊原先生笑着说："其实，京都大学也是我的母校啊，1953年至1959年我在京都大学大学院专攻日本近代国际关系史，指导教授是小叶田淳先生和赤松俊秀先生，井上清先生是授业教授之一。1969年我在京都大学获文学博士学位，此前此后还在京都大学人文科学研究所从事研究，并兼任文学部非常勤讲师。可见，我与京都大学渊源很深，但仍然没有把这批图书给京都大学。为什么？因为我考虑到这批书或为母校武汉大学所缺，送给武大，作用或许更大。"伊原先生决定将价值数千万日元的图书无偿赠送给武大，连运寄费用也全由他支付，并费时数月，亲自整理、装箱、包扎、运送到运输公司仓库，其意图在所撰《赠送书籍的简单说明》中有明确交代："站在学术研究的立场，充实武大图书内容，希望后进青年学人的研究成果能追上并超过21世纪世界的先进水平。"

伊原泽周先生在滋贺县的别墅，背倚陡峭、苍翠的蓬莱山，面对烟波浩渺的日本第一大湖——琵琶湖。傍晚，伊原先生和我走出四壁书城，来到阳台上观赏夕照下的湖光山色，先生遥指水天之际的如黛远山说："那是日本关西第一高峰——比良山。"或许是良辰美景勾引起对如烟往事的记忆，伊原先生讲述起自己的经历：1926年出生于安徽省霍邱县，1937年抗战爆发以后，疏散到湖南省永绥县（今花垣县），完成中学教育。1943 年考入时在四川乐山的武汉大学文学院历史系，教师有吴其昌（商周史）、梁园东（秦汉史）、唐长孺（隋唐史）、方壮猷（宋元辽金史）、李剑农（中国近代百年政治史）、杨人楩（法国革命史）、吴廷璆（中西交通史）、汪治荪（日本史）、A. L.Rowse（英国史），还选修过高尚荫先生开的生物学课程。吴其昌、方壮猷两师都是硕学大儒王国维先生的高足。抗战胜利后，武大迁回武昌珞珈山，1947 年7 月从武大历史系毕业，毕业论文是《论鸦片战争与琦善的外交》，得李剑农先生指导尤多。同年，由台湾地区省立师范学院李何林教授介绍，到台湾地区省立彰化女子高中任历史教员，后又转任台北第二女子高中历史教员，1953 年赴日本京都大学大学院留学。1959 年任教大阪外国语大学，1981 年文部省任命为该校教授，1984 年从该校退职，同年任追手门学院大学文学部教授，1997 年退职，现为追手门学院大学名誉教授。单独著书，日文版有《明治初期日韩清关系之研究》《中国近代文化与明治维新》《中国现代史——五四运动至"四人帮"垮台》；中文版有《近代中日关系研究论集》《近代中国之革命与日本》，另外还有合著书 17 种，论文 90 余篇。现在伊原先生已逾古稀，仍著述不辍。我于今年 6 月收到他寄赠的刚刚由汲古书院出版的《论日本与中国对西洋文化的摄取》一书，洋洋数十万言，比较福泽谕吉的《劝学篇》与张之洞的《劝学篇》，"中体西用"与"和魂洋才"，竹添进一郎的中国纪行文《栈云峡雨日记》与王韬的日本纪行文《扶桑日记》，王国维与京都学者，追溯渊源，辨析异同，引述浩博，卓见迭出。

伊原先生确乎是"退"而未"休"，他还有几项编纂计划（正在进行的曾见示于我），故其藏书的相当部分尚在手头使用。他说："这次赠送武大的 70 箱图书，约占我的藏书之半，其余一半还在使用，等到某一天不能用了，就由我太太寄赠武大。"他转身对坐在一边的伊原玲子夫人点头，玲子夫人报以理解的微笑。伊原先生还说："我也对两个儿子交代过，等我身后，这些书全数赠送武大。他们都在公司工作，不是搞文史研究的，也用不上这些书。"我连声说："希望这所余的一半书晚些寄出。伊原先生是仁者，仁者寿。所谓'岂止于米，期之以茶'（'米'寿 88

岁，'茶'寿 108 岁）。"伊原先生笑道："米寿足矣，何敢指望茶寿！"

在京都时，伊原先生得知我两年前曾游此地，却有未能漫步"哲学之路"的遗憾，便说："哲学之路就在我家附近，应该去走走。"这条因明治时代的哲学家西田几多郎常来散步，作哲人沉思而闻名遐迩的小径，长达两公里，被樱花树所掩映。我们步行一半，伊原先生说："我带你去一个常人不知晓的处所看看。"于是便折入山林之中，走到一座名叫法然寺的庙宇，几经询问，方在山林深处觅得一片墓地，伊原先生指着一座上书"河上肇暨夫人秀墓"的碑石说："河上肇的坟墓在这里啊。"20 世纪初叶日本著名的思想家、《资本论》的日文本翻译者河上肇（1879—1946）就安葬在这里！中国早期社会主义者陈独秀、李大钊、李达所学习的马克思主义，多从河上肇译著中获得。较之周边林立的簇新、高大的墓碑，河上先生的墓碑陈旧而低矮，我只得下蹲方能拍摄下完整的墓边留影。在墓地流连之际，我又意外发现一个墓碑，上书"湖南内藤先生暨夫人田口氏墓"，这便是日本著名历史学家、中国学的京都学派创始人内藤湖南先生（1866—1934）与其夫人的合墓。伊原先生也为这一发现而兴奋，连说："这是我的师祖，这是我的师祖！"内藤先生20世纪初叶担任京都大学文学部教授20年，是伊原先生的业师们的老师辈。内藤的墓碑虽略高于河上的墓碑，但与四周堂皇的墓碑相比，仍显简陋。这些文化巨匠的墓地建筑及装饰水平在中等以下，表明其后人与富贵无缘，同时也透现着文化巨匠们质朴的本性。其实，他们的丰碑早已树立，那便是他们的文化建树、精神创造，以及这些建树和创造的物化——那些浩博、深邃的著述。伊原泽周先生赠送给我们的那些典籍，便是文化匠师们建树的高耸云霄的丰碑。

与中岛敏夫先生
同堂讲授中国古典

1998 年至 2001 年间，我应邀在地处名古屋及丰桥的日本爱知大学中国学部，以专任教授身份授课，开始讲授中国文化史和中国古典研究两门课程。

爱知大学的前身是日本建在上海的东亚同文书院大学，以研究并考察中国问题为职志，1945 年日本败降，东亚同文书院大学联合从韩国和中国台湾撤回日本的两所帝国大学，1946 年在日本丰桥及名古屋组建爱知大学，而研究中国的历史与现状仍为其办学特色，直至 1999 年，爱大是当时全日本大学里唯一设立中国学部的，包括东京大学、京都大学的汉学家，每每要来爱大查阅资料、展开专题讨论。

爱大中国学部学生由有一定中文基础的日本学生和中国留学生组成，校方又要求我们几位聘自中国的教授以中文讲课，以提高日本学生的中文水平及汉学水平。我开设的中国文化史，尽量用较流畅的中国白话讲授，颇受两类学生欢迎，一时间听众挤满教室，连窗户外也人头攒动。然而，所开设的中国古典研究无法回避艰深的文言，开讲两次，日本学生连呼"听不懂"，我一时也找不出良策改进。恰在此际，爱大最享盛名的汉学家中岛敏夫先生出来解围。他听了我的两节课后，颇为称赏，并用中日夹杂的语言对同学们（主要是对日本学生）说，冯先生博学多才，你们要认真细听，不懂处查找资料，并请教冯先生，定然可以学好中国古典。课后，中岛先生把我领到僻静处，提出一个建议：我俩同台讲授这门课，你以中文讲，我用日文诠释补充。年长我十岁的中岛先生的提议使我松了一口气。次日，我将此消息告知两位中国朋友，他们连称"不可"，并说：日本人虽礼貌周全，但有的难以共处，两人同台讲一门课，易生矛盾，结果必然不欢而散。这种说法使我犹豫起来。此时，我的好友、中国部的刘柏林老师却力挺此事。他说，中岛先生为人友善，不仅学识渊深，且对中国友好，以你们二位的人品、学品，定然合作愉快。听从柏林君劝谏，我便自 1999 年至 2001 年连续与中岛先生同台讲授前后《出师表》《滕王阁序》等中国经典文本，课堂内外协作无间，教学效果在中日两国学生中均称上乘。一时间，"亲贤臣、远小人，此先汉所以兴隆也；亲小人、远贤臣，此后汉所以倾颓也。""鞠躬尽力，死而后已""物华天宝，人杰地灵""落霞与孤鹜齐飞，秋水共长天一色"等名句，在日本学生中也朗朗上口。以后我对友朋言及与中岛合讲一堂的故事，大家都啧啧称奇，说是闻所未闻。

中岛敏夫教授现已 80 多岁，早从爱知大学荣休，但他仍然孜孜不倦地从事汉学研究，每天驾车到山顶的书屋写作，那里无自来水供应，每次须带上一大桶水上山。晚年中岛不仅著述不辍，还帮助已经辞世数年的中国访日学者王建整理遗著《避讳学研究》，勿辞高龄，往返于名古屋—上海之间多次。前年收到印制精美的署名王建编著的《史讳辞典》，想起亡友王建、想起无私助人的中岛敏夫，我忍不住潸然泪下。

近些年我又多次访日，每次必与刘柏林教授约中岛敏夫先生、加加美光行先生（著名中国学学者、爱大中国学部首任学部长）相会，大家相聚甚欢，议题广涉私谊与各自学术进展，同时又对时下中日关系紧张深感痛心，但我从中岛、加加美等人身上，看到中日友好的深厚底蕴及其无可阻遏的希望。

2017 年追记

顷接 90 高龄的中岛先生来信，称：

只拜读了冯天瑜先生《周制与秦制》书中印复部分，其展望中国国家体制是由周制和秦制两极形成之见正合我意。此次我又阅览在王建《史讳辞典》中愚生写的后序部分，又一次引起对王建先生尊重和哀惜之念。衷心祝愿冯天瑜先生康健、研究硕果累累。

中岛敏夫拜　2021 年 9 月 21 日

与李慎之、唐德刚、谷川道雄
三先生议"封建"

冯天瑜　　口述　　姚彬彬　笔录

————————

"封建"本为表述中国古代政制的旧词，意谓"封土建国""封爵建藩"，近代以前在汉字文化圈诸国(中、越、朝、日)通用，未生异议。19世纪中叶西学东渐以降，中日两国用"封建"一词翻译西洋史学术语 feudalism(封土封臣、采邑领主制)，衍为一个表述社会形态的新名(时间上中西并不对应，中国封建在殷周，西欧封建在中世纪，时差千余年)，此新名的基本内涵仍然与"封建"原义相通。

20世纪20年代开始，来自苏俄的"泛化封建"观强势降临，把"以农业为基础的"从秦汉至明清的中国社会视为"封建社会"。郭沫若先生是此说的力推者，他在 1930 年出版的《中国古代社会研究》中称"中国的社会固定在封建制度之下已经二千多年"，还将"废封建、立郡县"的秦始皇称为"中国社会史上完成了封建制的元勋"。这种说法，是在斯大林及共产国际影响下应运而生的，但 30 年代还仅是一家之言，学界很少顺应。至延安整风时期，《联共（布）党史简明教程》立为干部必读书和述史经典，中国的历史进程纳入该《简明教程》规定的模式——原始社会—奴隶社会—封建社会—资本主义社会—共产主义（其初级阶段为社会主义社会），且在时段划分上也必须与西欧史对应。自 1949 年以降，正式颁发的历史学教科书和大多数社会科学论著及整个文宣系统皆沿袭此说。

我们这一代及下代中国人，受教的是"五种社会形态单线直进"论，将商周归入奴隶社会，秦汉至明清是一以贯之的封建社会。1978 年至 1980 年代中期，本人步入学术研究领域，不假思索地运用这种论式。转机发端于 1980 年代中期以后，我在撰写《明清文化史散论》及稍晚的《中华元典精神》之际，较系统

地阅读《左传》《史记》《明史》《清史稿》以及柳宗元、
马端临、黄宗羲、顾炎武、王夫之的史论，又从梁启
超、章太炎、钱穆等近代学者的讲论中得到启示，并
于 1980 年代末读到刚翻译出版的马克思晚年的《人
类学笔记》，对"泛化封建观"渐生疑窦，不再将秦
汉—明清封建时代说视为确论。这些思考，初步反映
在 1989 年前后与何晓明、周积明二君合著的《中华
文化史》（上海人民出版社 1990 年）中。吾撰之上篇
探讨中国历史分期问题，并专立一目《中国"封建制
度"辨析》云：

> 中国古来即用的专词"封建"，是"封土建
> 国"的简称。……西方的"封建制度"（feudalism）
> 与中国古来的"封建"在概念上比较切近。……
> 自 20 世纪 40 年代以来，我国史学界所通用的
> "封建制度""封建社会"，则是从"五种社会形
> 态"角度确定其含义的，用所有制和阶级关系作
> 为判定标准，指由地主阶级占有土地等生产资料
> 的主要份额，以剥削农民（或农奴）剩余劳动为
> 基础的社会制度；自然经济是这一制度的特征，

农民和地主构成这一制度的基本成员，农民与地主的阶级矛盾是这一制度的主要社会矛盾。这里所使用的"封建"一词，已与"封建"的古义和西义均不搭界。

该目提出，"秦汉至明清两千年间社会形态较确切的表述，应是'宗法君主专制社会'"，其制度主体已不是"封建"的。1989 年的此种看法，是我 2005 年前后撰写《"封建"考论》(中国社会科学出版社) 的基点。

上述思路的整理及明晰化和渐趋深入，得益于与师友的切磋，特别值得纪念的是与三位年长我 20 岁左右的学界先哲——李慎之（1923—2003）、唐德刚（1920—2009）、谷川道雄 (1925—2013)——的研讨。

一、与李慎之先生议"封建"

李慎之先生 1980 年代中后期是中国社会科学院副院长，主管外事工作，同时也是社科院美国所所长，以博通中西著称。

1988 年，李慎之副院长受上级命，组建一个小型人文学者代表团，赴美国与华裔人文学者建立联系。

当时台湾当局刚刚"解严"，海峡两岸人员交流渠道尚未开通，大陆方面试图通过在美华裔学者（如历史学家唐德刚、哲学史家成中英、政治学者熊玠等，他们与台湾关系密切），搭建海峡两岸学术沟通桥梁。

那个人文学者代表团由四人组成，中国社科院两位，《历史研究》主编庞朴、政治所所长严家其；院外两位，社会学家郑杭生（时任中国人民大学副校长）、文化史学者冯天瑜（时为湖北大学教授）。我们四人到社科院汇合后，由李慎之交代任务。这是我第一次见到李氏，即为其博学和率真所吸引。之后代表团一行到美国夏威夷，在东西方中心（East-West Center）和夏威夷大学与美籍华裔学者晤谈甚欢，达到预期目的。回国后我们到社科院向李氏汇报，他很高兴，说以后每年举行一次这样的会议，并把台湾学者吸纳进来。后来由于情势变化，李氏的这一设想未能实现。

李氏 1989 年秋辞去中国社科院副院长职，次年拙著《中华文化史》出版，我往外寄送的第一位便是李氏。以后几年间，在北京的学术会议上曾两三次见到李氏，他说，收阅《中华文化史》，特别称赞其中论封建一节"甚精当"。然见面匆匆，未及详述。后来我获悉，李氏在文章中多次论及"封建"问题。

李氏 1993 年 10 月发表《"封建"二字不可滥用》，指出中国学术必须保持"自性"，不可乱套外来模式，由此论及"封建"概念和历史分期问题：

> 时下所说的"封建"以及由此而派生的"封建迷信""封建落后""封建反动""封建顽固"……并不合乎中国历史上"封建"的本义，不合乎从 feudal, feudalism 这样的西方文字翻译过来的"封建主义"的本义，也不合乎马克思、恩格斯所说的"封建主义"的本义，它完全是中国近代政治中为宣传方便而无限扩大使用的一个政治术语。

李氏坦陈"这个错误是我代人所犯下的"，显示了老辈学人的历史担当精神。他指出：

> 循名责实，正本清源，是所望于后生。所幸的是青年一代史学家已经有人注意到了这个问题。两年多以前，我收到湖北大学冯天瑜教授寄给我的《中华文化史》，书中即已专列《中国

"封建制度"辨析》一节，可说已经开始了这一工程。

1993 年我已年过天命，慎之先生称之"青年一代史学家"，这是老辈寄语，我只能勉为认领了。（一笑）

近年我又读到李氏 1998 年撰写的《发现另一个中国》，文章在批评"封建"滥用后指出："把中国自秦始皇起的社会制度称为封建主义实在是近几十年才大行其道（在此以前的名家，如陈寅恪、冯友兰都是压根儿不用这个名词的，西方研究中国历史的学者也不用这个词儿）。然而究其实际，则与中国原来所说的封建与日本、西洋的封建 (feudalism) 大不相同，当然也与马克思所说的封建不同（他心目中封建主义本来就是西方通用的封建主义概念），因此名实不符，只能乱人视听。"愚见与李氏所议一致。惜乎 1993 年以后，我们没有交流机会，拙著《"封建"考论》2006 年出版时，先生已辞世三载，只能献之于灵前。

二、与唐德刚先生议"封建"

与唐德刚先生相识，恰在前述 1988 年夏威夷大学交流之际。会议期间我与夏威夷大学成中英、纽约州立大学熊玠及唐德刚互动较多。唐氏时任纽约市立大学教授、亚洲研究系主任，他的学术贡献，最为人熟知的是口述史。唐氏擅长采访，又有一支生花妙笔，李宗仁、胡适、张国焘、张学良的口述传记出自他的手笔。我读过精彩纷呈的《李宗仁回忆录》，对笔者十分心仪。因为神交已久，故与唐氏一见如故，俩人在会议休息期间交谈，晚饭后到海边散步，指天画地，渐渐集中到封建辨析问题。我陈述对"封建"滥用的反拨之议，唐氏连称"难得"，因为在他的印象中，大陆学者普遍持五种社会形态单线直进说，认定秦汉至明清是封建社会。唐氏听罢我的陈述，立即操着浓重的安徽乡音，介绍他撰写的《论中国大陆落后问题的秦汉根源》中的观点。唐氏的这篇文章是1987年在西安一个会议上宣读的论文，我们1988年交谈时，该文尚未正式发表，我当时听来颇觉新颖。（该文1990年代后收入他的《史学与红学》等文集中）

唐氏说，中古欧洲式的封建制，政治属从的关系只是皇帝与诸侯、诸侯与附庸的关系，政府与人民之间无直接关系。农民只附属于土地，而土地则是附庸、诸侯或（直属于）皇帝的私产。欧洲史家十七八世纪把这种管辖制度称之 feudalism。近代中国知识分子读欧洲历史，发现中国古代亦有类似的制度，这个制度并且有个古老的名字叫作"封建"。封建者，封君建国也。唐氏讲到这里兴奋起来，提高声调说，20世纪二三十年代，"封建"一词便逐渐变质了，最后它竟变成了所有古老而落伍的一切坏的风俗习惯的总代名词。唐氏强调："时至今日，在中国马克思史学派的词汇中，所谓'封建'显然既非中古欧洲的feudalism，也不是中国古代封君建国的'封建'了，它变成中国马克思主义者受苏联影响而特创的一个新名词。"

唐氏这一评论基本符合实际，但有须加修正的地方。我插言："大陆流行的泛化封建观，并非'马克思史学'，实则与马克思封建社会原论相悖。"

唐氏闻言有些诧异，连问："这是什么意思?"我解释道："泛化封建观是在苏俄及共产国际影响下、中国初学唯物史观的学者形成的一种偏失判断。"

唐氏可能没有读过马克思关于"封建"的论说，

误以为那种泛化封建观出自马克思，我特别指出：
"马克思认为，非欧国家只有日本的前近代是封建社
会，中国、印度等绝大多数东方国家的前近代皆非封
建社会。中国一些熟悉马克思原著的史学家并不赞成
秦汉—明清封建社会说。"唐氏听到介绍后，连连点
头说："可能是你讲的这种情况。"并连连拍我的肩
膀，说："看来你读了不少原著，所以不人云亦云。"
唐氏的虚心态度和敏锐判断力令人钦佩。

1998 年以后几年我在日本讲学，1999 年 5 月初专
程回国参加在北京大学举办的纪念五四运动八十周年
国际学术研讨，会上重逢唐先生，我们不约而同地谈
到不能把五四运动的题旨概括为"反封建"，而应称
之"反君主专制"，如辛亥革命诸人从未"反封建"，
而是"反帝制，争共和"。由此我们在会上会下继续
讨论"封建"所涉诸题。住在同一宾馆的王元化先生
也曾参与交谈，三人所见一致。

在这次北大会议期间，爱知大学绪形康教授邀中
国的王元化、冯天瑜，美国的周策纵、唐德刚，新加
坡的王赓武座谈（座谈纪要载于爱知大学《中国 21》
1999 年卷，中国社会科学出版社 2001 年版），王元化

讲到，五四"反封建"一说应当重估，因为秦始皇统
一中国后，就不再是封建制了。绪形康接着说：

> 冯天瑜先生发表过《厘清概念——以"封
> 建"与"形而上学"为例》，与王元化先生观点
> 相近。看来我们对五四运动的再认识，有一个重
> 新厘定概念的任务。

这次北大重晤，我与唐德刚讨论封建问题较夏威
夷那次深入。我把 1988 年以后十年间自己对"封建"
问题的进一步思考告诉唐氏，他深表赞许，并阐述己
见。

唐氏指出：

> 中国社会历史可划分为三个阶段，即封建、
> 帝制、民治。帝制就是君主专制，民治就是进入
> 民主制度的实践阶段。

唐氏这种划分与吾见相似。我补充道：封建的基
旨是宗法，宗法封建制初现于殷商，西周得以完备。
从春秋战国到秦汉，发生从分权的封建到中央集权的
君主专制的转变（史书称"废封建，立郡县"），但周

代确立的宗法观念和宗法制度秦汉以后承袭下来，用严复的话来说，直到今天，中国人"犹然一宗法之民"。封建制解体，宗法制保留下来，周代是宗法封建，秦汉后是宗法君主集权制，这是中国史的一个特点。唐氏赞成此说。

我们还讨论到，中唐前后的中国社会形态，颇有差异。从秦汉到中唐以前，进入皇权专制社会，但封建性要素还多有遗留，从两汉到魏晋南北朝，一直发生封建制与郡县制的博弈。

俩人有一共识：因为秦汉到明清时间跨度长，应作阶段性划分，这两千年间，各种典制、习俗、思想多有迁衍变化，秦至中唐为"皇权时代前期"，其地主经济、官僚政治粗具规模，却又保留领主经济、贵族政治的若干要素，某些时段（如两晋南北朝）封建制更有张大之势（可称"亚封建"）；中唐至明清为"皇权时代后期"，领主经济、贵族政治淡出社会舞台，地主经济、官僚政治成熟，专制君主集权迈向极峰，但封建性要素仍有遗存。

唐德刚先生的封建、帝制、民治的三段分期法，胜在简明。他有一个形象的比喻，叫作做"历史三峡"。他说：

> 历史的潮流中，前后两个社会政治形态的转
> 换，其间必然有个转型期，此转型期就是个"三
> 峡"，跨过这个转型期，就像江水经过瞿塘峡、
> 巫峡、西陵峡之后便一泻千里。他认为，第一个
> "历史三峡"，是自公元前4世纪"商鞅变法"起
> 至秦皇汉武之间，实现了从封建转帝制，历时约
> 三百年。此次转型是自动的，内部矛盾运行的结
> 果。

我续接道：从宗法封建向皇权社会的过渡，直至
西汉的中期，也就是在汉武帝时，才算真正克服了贵
族政治的遗留，当然其后还有反复。

唐氏说：

> 第二个"历史三峡"，发端于鸦片战争之后，
> 时间应该也是二三百年，此次转型是受外来刺激
> 而行，是被迫的，我们至今仍处于这个转型期之
> 中。民国以来一直没有彻底消除的出身论、阶级
> 固化等社会现象，可以看作是宗法专制甚至是封
> 建制的历史遗留物，彻底克服尚需时日。

我赞同唐氏此议，又补充道，第二个"历史三峡"，并非全是外力所致，内在动力也十分重要，而且愈到后来愈重要。

以上对谈是宾馆房间内和晚餐后在北大校园散步时进行的。我在笔记本有简要记载。

李慎之、唐德刚二位先生与我议"封建"，发生在 80 年代末，延及 90 年代初。三人原未谋面，事先彼此没有任何沟通，相逢一叙，即不谋而合，可谓"心有灵犀一点通"。

三、与谷川道雄先生议"封建"

1998—2001 年我应聘位于日本名古屋的爱知大学专任教授；2004—2005 年在京都的国际日本文化研究中心（简称"日文研"）做访问学者，这两个时段与沟口雄三、中岛敏夫、加加美光行、梅原猛等日本学者切磋"封建"议题，更多次与谷川道雄先生深度研讨。

谷川道雄被称为日本京都学派第三代"祭酒"，在中国六朝隋唐史研究方面贡献卓著。我在爱知大学任教时，已经结识谷川氏，他在京都主持的学术会常邀我参加，他到名古屋这边也多来晤谈。2004—2005年我到京都"日文研"以后，见面就更方便了，经常一起畅谈。他持非常明确的中国秦汉后"非封建"观点，所撰《中国中世社会与共同体》等书多有阐发。当时我正撰写《"封建"考论》，曾持文稿向谷川先生请益，他极表赞赏，并以蝇头小楷写意见书数页。2006年《"封建"考论》出版，他收到赠书后第一时间即细致阅读，并用红笔作了密密麻麻的批记圈点，后来见面他专门翻给我看。

2008年我赴京都参加学术会议，其间谷川先生邀我到他府上。同去的还有聂长顺和牟发松二君。长顺是我的学生，日语很好，时任武汉大学中国传统文化研究中心副教授（现在已是教授了）；发松是唐长孺先生及门弟子（唐先生与谷川先生友谊甚深，谷川书房悬挂的唯一一条幅便是唐先生所书），与我在武汉大学历史系同事，后任华东师范大学教授，时在京都访学。我们在谷川先生书房畅谈一整天（中餐由谷川夫人主厨），四人的议题是"封建"问题。后来聂长顺把谈话内容整理成文，题为《关于中国前近代社会"非封建"的对话》，发表于《史学月刊》。

谷川氏服膺唯物史观，对中国史学界一些学者（有的是谷川的老朋友）至今抱持"泛化封建论"表示非常不理解。他说，这些老友以为是在坚持马克思主义，实则非也。将秦至清中国社会称为"封建社会"，是斯大林教条的产物，与马克思主义史学相悖。他说：

> 真正的马克思主义是发展的。而发展必须首先探究她的本来面目，找到她的基本理念、逻辑原点和逻辑结构。斯大林把"五种生产方式形态"模式化，是机械的、专断的，并不尊重马克思的本来面目和根本原则，并不是对马克思学说的发展。像冯先生的《"封建"考论》那样，才是发展马克思主义。

我表示，自己并不肯认马克思的全部观点，更不敢自命发展马克思主义，但认为马克思在"封建"问题上的阐述，是准确而深刻的。

《"封建"考论》出版以后，我遭到措辞严厉的批评，获得三顶帽子：一是"反马克思主义"；二是"否定中国民主革命"（中国民主革命是"反帝反封建"，你说中国前近代不是封建社会，便从根本上否定了中国民主革命）；三是"否定了中国现代史学成就"。会晤时，谷川先生笑问："冯先生对这几顶帽子作何回应？"我笑答：

第一顶帽子是否恰当，那就得认定马克思的封建观是什么。查阅《马克思恩格斯全集》或四卷本《马克思恩格斯选集》，如果觉得麻烦，可以把《马克思恩格斯论中国》这本小册子找来看，便会发现，马克思从来没有说过中国前近代是封建社会，而是用"东方专制主义""亚细亚生产方式"概括包括中国在内的东方国家的前近代制度。

马克思有两篇文章直接论及东方国家社会形态，一篇是为驳斥俄国民粹主义者米海洛夫斯基而作的《给〈祖国纪事〉杂志编辑部的信》（1877年11月），文称："关于原始积累的那一章只不过想描述西欧的资本主义经济制度从封建主义经济制度内部产生出来的途径。"但米海洛夫斯基却"一定要把我关于西欧资本主义起源的历史概述彻底变成一般发展道路的历史哲学理论，一切民族，不管它们所处的历史环境如何，都注定要走这条道路，——以便最后都达到在保证社会劳动生产力极高度发展的同时又保证每个生产者个人最全面的发展这样一种经济形态。但是我要请他原谅（他这样做，会给我过多的荣誉，同时也会给我过多的侮辱）"。马克思明确反对用西欧的社会发展模式硬套其他区域的做法。

另一篇是《科瓦列夫斯基〈公社土地占有制，其解体的原因、进程和结果〉一书摘要》。马克思的朋友、文化人类学家科瓦列夫斯基写了一部研究印度历史的书《公社土地占有制，其解体的原因、进程和结果》，认定前近代印度是封建社会，马克思不同意这一论断，他指出，中古印度不同于西欧中世纪，"依据印度法典，统治权不得由诸子平分；这样一来，欧洲封建主义的大量源泉便被堵塞了"。马克思的理由有二：首先，印度存在一个中央集权的官僚政治系统，这是非封建的；此外，当时印度的土地是可以自由买卖的，这也是非封建的。

对照马克思确认的封建标准，中国的前近代就更不是封建社会了。秦汉以后确立中央集权的皇权官僚政治，制度的非封建性超过印度。至于土地可以自由买卖的情况，中国兴起于战国末期，秦汉以后更加普遍，经济制度的非封建性也在印度之上。而马克思认为印度前近代不是封建社会，那么中国前近代就更加不是封建社会了。因此，在封建问题上，有些人糊制的"反马"帽子很容易扣到马克思本人头上。这可万万使不得。（众笑）

第二，关于中国的民主革命，对外"反帝"，这没有分歧；至于对内"反"什么，就要如实判定：中国民主革命不是反对封建性的领主经济，而是革除非封建的地主经济。在政治领域不是反对封建性的贵族政治，而是革除非封建的君主专制，从辛亥革命、二次革命，直到新民主主义革命，都是反对君主专制及变相的君主专制。孙中山说过，封建贵族制中国两千年前已经打破，我们的革命对象为非封建的专制帝制，他的名言是："敢有帝制自为者，天下共击之。"

中国民主革命在经济、政治两方面，皆不能以"反封建"概括。因此"否定中国民主革命"的帽子也戴不上吾头。（众笑）

第三，是不是否定了中国现代史学的成果。《"封建"考论》中以很大篇幅回顾近现代史学家的"封建论"，从章太炎、梁启超、钱穆、瞿同祖、张荫麟、李剑农等，一直到晚近的吴于廑、齐思和等，这些史学家或对封建制度有正面阐述，或对泛化封建论提出质疑，均言之凿凿。我们正是承袭近现代史学的这一传统，对沿袭前苏联《联共（布）党史简明教程》的史学偏误略加纠正。不知是何人在"否定中国现代史学成果"。（众笑）

笑谈后，牟发松教授介绍，谷川道雄先生曾在上海作《"非封建"的中国中世》讲座，论述中国前近代社会的非封建性问题。谷川先生接着发表许多精辟意见，概述如下。

（一）"封建"的名实之辨，涉及多层级论题，是一个需要细致用心的学术课目。而"封建"问题要置于历史分期的大视野中探讨。近代日本史学界曾从东西比较角度对历史分期作探究，内藤湖南等人对中国史分期颇有创识，但现在日本学者已极少讨论分期问题，这令人遗憾。谷川氏寄望中国史学界继续推进此一研究。我对谷川氏此议表示赞同，并认为，分期问题在社会形态定型了的现代日本，可能已经退出视野，但在转型间的现代中国，却有着深切的理论意义和实践意义。

（二）谷川氏将中国秦汉以下排除在"封建社会"之外，而称之"专制政治社会"。他说，春秋战国以前属古代社会（或曰封建社会），秦汉以下属中世社会。中世社会分前后两段：中唐以前是古代社会（或曰封建社会）残存的中世社会，其间的农民有较多君主农奴性质；中唐以后已少有古代社会残存，其间的农民有较多君主隶奴性质。我补充道，秦汉以下的自耕农，已成为直接向朝廷纳税服役并有人身自由的编户齐民，与封建时代（中国先秦时、西欧中世纪、日本三幕府时）人身依附的农奴有区别，这是秦汉以下社会非封建的表现。

（三）谷川氏评介二战后日本史学界的中国史分期论争：由前田直典及东京的历史学会为一方，认为从秦汉至明清乃至民国是"封建社会"；而发扬内藤史学的京都学派（代表者宫崎市定及其弟子谷川道雄）为另一方，认为秦汉至明清，中国确立为官僚制的、郡县制的君权一统帝国，并非封建社会，而为"专制政治社会"。

我介绍了与日本汉学家沟口雄三的交流。沟口氏认为：自秦汉帝国以来，一直采取以皇帝为中心的中央集权制，至少在政治体制上，不能将近代以前的中国称为封建时代。他在一篇文章中指出，"把鸦片战争以前看作是长期的封建时代"，"存在着一个概念的偷换"。

晤谈中大家说到，现在学术界许多人已脱离《联共（布）党史简明教程》的框架，但大的文宣语境和教科书仍然沿用中国前近代封建说，表明对时下中国史学的进步，还只能持谨慎乐观态度，有些问题还须阐明。

（一）将秦汉至明清称封建社会，套用的是西欧历史模式（西欧中世纪是封建社会）。这种模式不仅无法套用于印度、中国，连东欧的俄罗斯都不是这样的。俄罗斯前近代有一个漫长的农村公社制阶段，并未出现西欧中世纪时的封建制度。五种社会形态单线直进说，是对西欧历史的概括，而且是粗糙概括，许多欧美学者并不认同。

（二）封建社会和皇权专制社会的根本差别，可概括为：政治制度上是贵族政治与官僚政治之别；经济制度上是领主经济与地主经济之别。这些要点尚须深入研讨。

（三）中国周代"封建"制，与欧洲中世纪的feudalism，内涵有相近处，但在时间上二者错位一千多年。这是东西方历史条件差异造成的。如果把西欧历史模式硬套到中国史上，便是"削足适履"（钱穆语），结果造成"语乱天下"（侯外庐语）。

以上皆世纪之交旧事，时过二三十年后，只能追记其概略，但大意不会走样。谨以此篇敬奉三先生在天之灵。2020 年春末，新冠肺炎大疫，武汉封城之际于武昌珞珈山。

代后记

文化史研习回顾

我自幼承蒙作为历史学者的先父庭训，广涉古典，又长住先母工作的湖北图书馆，青少年时代饱览中外文史名著，优游于人类的精神家园，培育了对人文学的深挚情致。

自20世纪70年代末以来，中国学界沿袭章太炎、梁启超、梁漱溟、钱穆、柳诒徵诸先哲在后五四时期草创文化学及文化史学的余绪，借鉴海外前沿成果，发掘中国文化的丰厚资源，构建现代学术意义上的文化学及中国文化史学，其认知、体验、哲思，在深度与广度上均大有拓展。本人躬逢其盛，追随前辈、时贤，见证并参与这一方兴未艾的学术建设，勉力充任一名施工匠人。

其一，遵循"即器求道""观象索义"的学术理路，致力于微观辨析与宏观把握相结合，义理、考据、辞章三者相济，探究文化史学的基本论题，如中国文化的生成机制、发展脉络、中国文化特质、中外文化互动等，尝试以"文化生态学"为基旨建立中国文化史架构。相关思考初陈于 1984 年成集的《明清文化史散论》，1990 年上海人民出版社出版的《中华文化史》上篇有较完整的论述。

其二，追踪中国文化演绎史，注重"生成"与"转型"两个环节，故特别用心于晚周、晚清这两个关键时段。"晚周"是中华文化生成的"轴心时代"，此间形成深刻影响我们民族基本精神的文化经典，特拟名"元典"，试图探索中华元典精神的形成过程与内在结构。"晚清"是中华文化古典形态终结及近代转型时期，是我始终不渝的关注重点及学术研究的展开部。在晚清文化研习中，力辟直线进化史观和西方中心论，考究中国文化近代转换呈现的螺旋式上升轨迹，探讨运动着的本土精神资源在中西文化交会的近代化进程中的内在作用，扬弃费正清等西方汉学家外因论的"冲击—反应"模式。这些考析，集结于《中华元典精神》(上海人民出版社 1994 年版) 及与人合著的《晚清经世实学》《解构专制——明末清初"新民本"思想研究》。

其三，任何一种文化均受惠并受制于特定空间提供的生态环境，文化研究理当用心于彰显地域特征，这是把握文化"一"与"多"、共性与个性相统一的必要劳作。我二十余年来一直参与湖北省地方志、武汉市地方志修纂工作，又与人合著《辛亥武昌首义史》(湖北人民出版社 1984 年版)[1]及《张之洞评传》(南京大学出版社 1991 年版)，以 19、20 世纪之交的湖北、武汉作为考察中国社会近代转型的入门处。区域文化探究、个案论题的精细考辨，有益于对浩博的中国文化的真切把握，所谓"一斑窥豹，一叶知秋"。

其四，在世纪之交，学术上又稍有进展，这得益于改革开放提供的国际学术交流机会。除访学美、欧、澳、新以外，1998 年以来，有近五年时间在日本讲学并从事研究，得以与多国汉学家论难究学，并潜心开掘异域史料，演运王国维先生"二重证据"三法之两条——"取异族之故书与吾国之旧籍互相补正"，"取外来之观念，与固有之材料互相参证"，由

---

1 2011 年出版之 80 万言《辛亥首义史》有更详尽阐发。——2016 年补记

此进行中、西、日文化比较，将文化转型研究向纵深处拓殖。商务印书馆 2001 年出版的《"千岁丸"上海行——日本人 1862 年的中国观察》为这方面的结集。该书透过解析日本幕末藩士的近距离中国观察记录，细致入微地展示 1862 年上海社会面貌及当时国人的精神状态，并昭显中日关系发生变化的文化前因。

其五，考察概念的古今转换、中外对接，是研讨中国文化近代转型的切入口，我长期在此处用心，中华书局 2004 年出版的《新语探源》，通过对"几何""上帝""革命""共和""科学""文化"等核心术语的辨析，揭示明末以降，特别是晚清至民国时期中、西、日交会间文化因革状态。中国社会科学出版社出版的《"封建"考论》，为近二十年辨析"封建"概念的结集，该书致力于"知识考古"，还原"封建"古义、西义及马克思的封建原论，进而追溯现代中国流行的泛化封建观的形成过程，指出将实行官僚政治、地主经济的秦汉至明清称"封建社会"，是削足适履、名实错位，此种泛化封建观导致中国历史述事的紊乱。该书进而提出修正建议，尝试为聚讼未决的中国历史分期设置较稳妥的观察视角和较精准的概念坐标。

长期致力于文化史学科建设，在学校支持下，1995 年组建武汉大学中国文化研究院，在其基础上于 2000 年建立武汉大学中国传统文化研究中心（教育部百所文科基地之一），联合校内外文、史、哲专家，围绕中国文化生成及转型问题，做跨学科专题研究，其成果及研究方式受到海内外学者肯认与重视。中心与美国哈佛大学，日本东京大学、早稻田大学、国际日本文化研究中心等国际一流学术重镇开展深度合作。中心已成为国内外有影响力的中国传统文化研究机构。2004 年建立"985 中国传统文化及其现代转型"创新基地。中心及基地的特色，一是多学科交叉互动，相得益彰；二是诸同仁团结协力，合作愉快，运行健康，前景良好。

以上略陈求学问道经历，其间甘苦难以尽述，而稍有所获，均得益于传统赐予、时代机遇、团队扶持、师友教诲；偏失错谬，则是自己内力有欠，切盼诸君指教。

本文系 2006 年 5 月 12 日在武汉大学学术委员会审议人文社会科学资深教授会议上的汇报。

附录

冯天瑜代表性著作目录

1.《中华文化史》(合著)，上海人民出版社，1990年、2005年、2010年、2015年。

2.《张之洞评传》(合著)，南京大学出版社，1991年，湖北人民出版社，2020年。

3.《中华元典精神》，上海人民出版社，1994年。

4.《"千岁丸"上海行——日本人1862年的中国观察》，商务印书馆，2001年、2021年。

5.《解构专制——明末清初"新民本"思想研究》(合著)，湖北人民出版社，2003年。

6.《新语探源——中西日文化互动与近代汉字术语生成》，中华书局，2004年。

7.《中国文化近代转型管窥》，商务印书馆，2010年。

8.《"封建"考论》，中国社会科学出版社，2010年。

9.《辛亥首义史》(合著)，湖北人民出版社，2010年。

10.《中国文化生成史》，武汉大学出版社，2013年。

11.《日本对外侵略的文化渊源》(合著)，高等教育出版社，2017年。

12.《中国思想家论智力》(合著)，上海外语出版社，2017年。

13.《袭常与新变——明清文化五百年》，上海人民出版社，2018年。

14.《中华学术流变》(合著)，上海人民出版社，2019年。

15.《中国文化元典十讲》(合著)，商务印书馆，2020年。

16.《中华文化生态论纲》，长江文艺出版社，2021年。

17.《三十个关键词的文化史》(合著)，中国社会科学出版社，2021年。

18.《文明思辨录》，华中科技大学出版社，2023年。

19.《东亚同文书院中国调查之研究》(合著)，国家图书馆出版社，即出。

20.《周制与秦制》，商务印书馆，即出。